Código
dinero

Cristian Arens

Código dinero

4 PASOS PARA HACER QUE EL DINERO TRABAJE POR TI

Código Dinero
Autor: Cristian Arens

Colección Exit Comunicación
© de los textos: Cristian Arens
© de la presente edición: Exit editorial
© Diseño y maquetación de portada e interior: Diana Blázquez
© Ilustraciones de interior y portada Cristian Arens

BLB CONSULTORES REGISTRALES E HIPOTECARIOS S.L.
NIF. B86927563
Exit Editorial es un sello registrado de BLB CONSULTORES S. L.
Calle Chopos, 31, 28221 Majadahonda
Teléfono: 616985408 / 673161172
Email: comunicacion@exitcomunicacion.com
Página Web: www.exitcomunicacion.com
Primera edición Enero 2023

Depósito Legal: M-35514-2023
ISBN: 978-84-128076-0-8

ÍNDICE

"El dinero es un excelente esclavo, pero un pésimo amo"

Esa es la frase que he repetido una y otra vez en la mayoría de mis videos y *podcasts*. La primera vez que la escuché, conectó de inmediato conmigo, porque toda mi vida he visto a personas trabajando por dinero. Trabajaban en cosas que no les gustaban o apasionaban, simplemente por la necesidad de generar ingresos, pagar deudas, mantener a sus familias o porque creían que era la única forma de "ganarse la vida".

Sin embargo, desde muy pequeño comencé a buscar la forma de salir de esta "esclavitud con el dinero". Así, empecé mi primer emprendimiento. No me imaginaba que muy pronto me daría cuenta de que, pese a que podía generar ingresos suficientes, no tenía el tiempo para, ahora, utilizar mis ingresos de la manera en la que yo realmente quería.

Entonces, descubrí que la clave para poder tener libertad de tiempo y dinero en la vida era poder invertirlo y hacer que este dinero trabajara por mí. Es decir, en lugar de trabajar por dinero durante tu vida, debes hacer lo que dice la frase del inicio: que el dinero sea "un excelente esclavo". Es así como estas palabras comenzaron a tener sentido para mí. Entendí que debíamos hacer que el dinero trabajara por nosotros y no ser nosotros quienes dedicáramos nuestra vida a él.

Enseguida me topé con un nuevo inconveniente: no tenemos información suficiente o una guía de cómo lograr estos objetivos, porque la mayoría de las personas están enfocadas en tener una vida "tradicional", dado que nunca les han mostrado que TIENEN OTRAS OPCIONES. De esta manera, decidí tomar las riendas de la situación y escribir un libro que reflejara, de manera sencilla, clara y honesta, lo que a mí me hubiera gustado saber cuando empecé este camino. Inicié la búsqueda de esta clase de contenido, pero solo encontré información de autores de otros continentes con realidades muy distintas a la nuestra. Entonces, me puse manos a la obra, sabiendo que ahora tendría mucho más trabajo: escribir el libro implicaría investigar, entrevistar, juntar experiencias, hacer análisis de finanzas, etc.

Ahora, después de muchos meses y ya en una nueva edición, lo tienes en tus manos, y espero que puedas disfrutarlo, porque estoy seguro de que este puede ser el inicio de tu gran cambio y de tu nuevo camino financiero. Deseo que este libro te lleve a cumplir tus mayores sueños y aspiraciones, y que puedas compartirlo con quienes te rodean.

En este libro, te cuento de forma sencilla y clara cómo puedes hacer que tu dinero trabaje por ti en 4 simples pasos. Aunque es fácil de leer, lo importante no es la información que te brindaré, sino la acción que pondrás, porque "información sin acción es pura alucinación".

DE ESTA EDICIÓN

Meses después de la publicación de este libro, me di cuenta que había descubierto mi misión de vida: cambiar el mundo a través de la educación financiera, pues creo que de esta manera podremos hacer que más personas hagan lo que les gusta y apasiona.

Creo firmemente en que la educación es el pilar fundamental para los grandes cambios en la humanidad. Creo, además, que la educación financiera ha sido una gran ausente en la educación tradicional, pero también que podemos cambiar eso. Me imagino un mundo en el que sea normal –en el colegio, la universidad y, sobre todo, en nuestra sociedad, en la familia y entre amigos– hablar sobre inversiones, ahorro, ganancias, emprendimiento, tarjetas de crédito planes de jubilacion, planificación de presupuestos personales. No solo creo que esa sea mi misión, sino que ya la estoy cumpliendo, y estoy convencido de que lograremos tener un mejor mundo. Me imagino un mundo en el que no solo hablemos de esos temas, sino uno en el que las personas sean dueñas de su futuro, de su tiempo y de sus decisiones, un mundo en el que podremos hacer lo que nos gusta y apasiona. Por ejemplo, yo considero que soy una persona feliz, que me levanto cada día listo para hacer lo que realmente quiero y conozco pocas personas que se sienten de la misma manera, que realmente aman su vida o aman lo que hacen. Creo que podemos, a través de la educación y las buenas decisio nes, lograr un mundo en el que todos hagamos lo que nos gusta y apasiona. Esto no significa que no haya días o momentos en los que debamos hacer sacrificios o que todos los días estaremos haciendo algo contentos, pero sí significa que tú podrás decidir qué sacrificios hacer y aprenderás a vivir una vida con propósito.

Te cuento esto porque, si bien yo hablo de dinero, considero que, junto con la educación, son dos actividades que mantienen a las personas esclavizadas a una vida sin propósitos. Y, como lo descubrirás más adelante, tienes una relación con el dinero y la única forma de mejorarla es siendo consciente de la etapa en la que te encuentras y querer mejorarla para tener esta libertad de tiempo y dinero de la que te hablo. Algo que debes entender acerca de esta relación con el dinero es que no es una carrera por ser millonario, sino es más como una caminata en la que lo más importante es disfrutar el proceso hacia la libertad financiera.

Quiero dejar dos reflexiones antes de empezar el libro que luego explicaré detalladamente: la primera es el significado del dinero y la segunda es la relación que tiene con la felicidad. Creo firmemente que el dinero sí puede traer felicidad, pero no en todos los casos y, de hecho, lo hace en pocas situaciones. ¿En qué casos el dinero trae felicidad? Cuando tienes necesidades básicas insatisfechas, como alimentación, salud, educación o vivienda. En estos casos, el dinero literalmente puede darte felicidad si lo cambias por tu necesidad; pero, después de tener cierta cantidad de ingresos y satisfacer estas necesidades, pienso que el dinero puede distraer tu felicidad, porque muchos creemos que la libertad y la felicidad las vamos a encontrar en cosas materiales cuando en realidad, en la mayoría de los casos, se convierten en una distracción.

¿A qué me refiero? Te pondré un ejemplo: cuando compras un vehículo, una casa, un reloj, ropa o cosas por las que te has esforzado y has invertido una cantidad significativa de dinero porque creías que te traerían felicidad, terminas dándote cuenta de que, en vez de disfrutarlas, comenzarás a proteger y preocuparte por estas mismas cosas. Entonces, en realidad terminarás esclavizado a tus propias cosas; esto es algo que he visto muy seguido.

Por esto concluyo que tener más dinero no te hará feliz si no tienes la educación financiera adecuada. El dinero es solo una herramienta y todos nosotros debemos verlo como tal. No pongamos el dinero en un altar, simplemente aprendamos a usar esta herramienta, como utilizamos una bicicleta o un martillo; es decir, su uso se debe restringir a su función para seguir disfrutando de la libertad que nos dará.

Dejaré una frase para reflexionar: "No pienses que el dinero lo hace todo o acabarás haciéndolo todo por el dinero" (Voltaire). No es bueno amar el dinero, pero tampoco es bueno odiarlo. En este libro, te enseñaré cómo tener una relación saludable y poder controlarlo y así generar abundancia en tu vida. Además de la información que te brindaré en las siguientes páginas, es importante que entiendas que existen 3 leyes respecto a la abundancia financiera. Cuando digo leyes, me refiero a que no importa si es que las conoces o no, igual se aplican a ti y a las demás personas que te rodean. Estas leyes serán vitales para generar abundancia en tu vida.

LEY N.° 1: GANAR MÁS DINERO DEL QUE GASTAS

Esta es la ley más obvia de todas, pero también la menos común. La mayoría de las personas no ganan más dinero del que gastan, por lo que no son capaces de generar ahorro y, por lo tanto, no pueden invertir ni hacer que su dinero trabaje por ellas. En esta ley, tienes tres opciones:

- Ganar más dinero: debes ver formas de generar ingresos adicionales, ya sea trabajando horas extra, consiguiendo un nuevo empleo, emprendiendo a tiempo parcial o de otra forma creativa.

- Gastar menos dinero: debes ver opciones de recortes de gastos innecesarios o no primordiales, como los gastos hormiga, los gastos excesivos en entretenimiento y otros de los que podrías prescindir.

- Ambas: la situación ideal es esta, que puedas reducir algunos gastos e incrementar tus ingresos para poder generar aún mayores excedentes.

Lo que sucede normalmente aquí es que la mayoría de las personas sube su nivel de vida al mismo ritmo que sus ingresos; esto, como lo veremos más adelante, puede determinar el futuro financiero de una persona.

LEY N.° 2: NO DEPENDER DE UNA SOLA FUENTE DE INGRESOS

He visto a personas pasar de vivir una vida llena de lujos a no tener dinero suficiente para comer. También he visto cómo, ante un cambio inesperado o una crisis económica, se ven obligadas a dejar de lado el tipo de vida al que están acostumbradas. No esperes a que esto te suceda para aprender la lección: no importa si tienes un GRAN negocio o si tienes EL trabajo de tus sueños, que estos no sean tu única fuente de ingresos. Debes buscar siempre diversificar los ingresos en tu vida. Recuerda que el millonario promedio tiene 7 fuentes de ingresos y esto sucede por un motivo: cuanto más dependas de una sola fuente de ingresos, más fácil será que rompas la ley n.° 1, porque, apenas la pierdas, estarás gastando más dinero del que ganas.

Mi sugerencia para esta ley es que no te enfoques en construir muchas fuentes al mismo tiempo: concéntrate en construir una a la vez y, cuando esta ya esté consolidada, pasa a la siguiente, y así sucesivamente.

LEY N.° 3: INVERTIR TU DINERO

La única forma de dejar de trabajar por dinero es tener un flujo constante de ingresos que no requieran de tu tiempo o que sea poco el tiempo que le dedicas a este. Esta es la tercera ley que debes entender y conocer. Es, en realidad, una habilidad que la mayoría de las personas nunca han estudiado porque piensan que invertir es equivalente a apostar, pero confío en que la información que recibirán en este libro los ayudará a comprender mucho mejor no solo su situación, sino los siguientes pasos para llevar sus inversiones a un siguiente nivel. Quiero terminar agradeciendo a las millones de personas que han confiado en mí y en mi contenido tanto en este libro como en mis distintas redes sociales. Estoy convencido de que juntos lograremos cambiar nuestro mundo a través de la educación financiera. Para encontrar mayor contenido sobre estos temas, les dejaré los enlaces a mis redes sociales, y así, también, estaremos más conectados:

YouTube: Cristian Arens

Instagram: ArensCristian

Facebook: Cristian Arens

LinkedIn: Cristian Arens

TikTok: ArensCristian

Spotify: Invertir Joven

INTRODUCCIÓN

¿Te casaste y no lo sabías?

Adiferencia de cuando elegimos tener una pareja, nunca tuvimos la oportunidad de elegir si tener una relación con el dinero o no. Sin embargo, para nuestra fortuna o desagrado, estamos en una época en la que, probablemente, el cómo manejemos nuestra relación con el dinero podrá determinar muchos de los aspectos de nuestra vida. Esta es una relación muy particular, porque no admitirá un divorcio o separación, como suele ocurrir entre los seres humanos, pero, si sabemos cómo manejarla, podrá darnos muchas herramientas y felicidades.

Desde mi experiencia y todo lo que he podido aprender acerca del dinero, he descubierto que la mayoría de las personas nos podemos encontrar en cuatro etapas respecto a este. Unas no son excluyentes de la otras; sin embargo, por lo general, tendemos a identificarnos con una de ellas en específico.

ETAPA 1:
TENEMOS DEUDAS

Es la etapa de aprendizaje. Tendremos la oportunidad de decidir aprender y mejorar, o de quedarnos anclados y hundirnos. Aquí debemos demostrar carácter y llevar adelante esta relación con el dinero a un siguiente y mejor nivel. Es también la etapa en la cual se ha perdido el control de la relación y es en la que se encuentra la mayor parte de la población.

ETAPA 2:
TENEMOS AHORROS

Es la etapa en la cual iniciamos una relación saludable, que nos permite sentirnos bien y percibimos un cierto progreso. Sin embargo, sentimos que damos más de lo que recibimos, y hacemos todo el esfuerzo sin que la otra parte ayude mucho. ¿Suena conocido? Es porque estamos trabajando por dinero, pero él no está trabajando por nosotros.

ETAPA 3:
TENEMOS INVERSIONES

Esta es la etapa en la cual ambos (tú y el dinero) se dieron cuenta de que era tan o más importante que la otra mitad de la relación (el dinero) pusiera también de su parte para crecer juntos. Que no solo era importante trabajar por él, sino que el dinero trabaje por ti. Como en toda relación, pueden tener caídas y momentos muy buenos, pero lo importante es comprender que ambos deben trabajar al mismo tiempo para lograr sus metas. Y la meta que buscamos es tener libertad de tiempo y dinero.

ETAPA 4:
VIVIMOS DE NUESTRAS INVERSIONES

Etapa soñada, utópica para algunos y feliz realidad para otros. Es la tan ansiada libertad financiera. Es el momento de la relación en el

cual la otra parte ha decidido hacer todo el trabajo para que podamos tener más tiempo y energías para dedicarnos a lo que realmente nos gusta y apasiona. Significa que nuestros ingresos residuales (dinero que proviene de inversiones pasivas o que no necesitan mucho de nuestro tiempo) son superiores a los gastos regulares. En este libro, explicaré cómo mejorar nuestra relación con el dinero y obtener los aprendizajes de cada etapa, a fin de lograr nuestras metas en el menor tiempo posible. Espero que disfruten leer este libro tanto como yo disfruté haciéndolo.

Y siempre recordemos:

«El dinero es un excelente esclavo, pero un pésimo amo»

MI RELACIÓN CON EL DINERO

Acerca del autor

Mi nombre es Cristian Arens. Desde que tengo memoria, me ha gustado vender y hacer negocios. Estudié Administración de Empresas y decidí ser emprendedor desde que tengo 16 años. Comencé a invertir en distintos instrumentos financieros a los 18 años y a los 19 sucedió algo que marcaría mi vida: conocí a Warren Buffett, el tercer hombre más rico del mundo y el mejor inversionista de la historia. Al conversar con él, entendí que no bastaba con hacer dinero, sino que el dinero debía trabajar por nosotros.

Antes de empezar, quiero contar un poco más de mí. Vengo de una familia de clase media en la que, gracias a mis dos padres, nunca me faltaron comida o estudios. Sin embargo, tampoco sentía que nos sobrara dinero. Mis padres me enseñaron desde pequeño que, si quería algo, podía obtenerlo, pero trabajando por ello.

Es por eso que, desde que tengo memoria, me interesaron los negocios. Cuando estaba en el colegio, era de las personas a las que les encantaba comprar y vender cosas; aún recuerdo que, cuando

tenía entre 8 y 9 años, tuve un viaje al interior del país donde compré muchos recuerdos y, cuando estaba en el bus de regreso a mi casa, comencé a vender algunos de estos, lo que me hizo obtener mis primeras ganancias.

Conforme fui creciendo, iba experimentando con cuanto negocio se me cruzara; por ejemplo, había una costumbre muy típica entre los organizadores de fiestas cuando era muy joven: si vendías diez entradas para alguna de estas, recibías la undécima de manera gratuita; entonces, noté una oportunidad para generar algunos ingresos extra de manera sencilla y divertida.

Cuando cumplí 16 años, comencé a hacer negocios un poco más ambiciosos; en ese entonces, junto con un par de amigos, compramos accesorios para jóvenes (pulseras, relojes y más) al por mayor con un distribuidor nacional. Los vendimos a través de redes sociales, amigos y conocidos. Fue unos meses más tarde, tras observar el éxito de este pequeño emprendimiento, que un amigo me enseñó cómo importar los mismos accesorios que traía y, de esta manera, me costaban apenas una quinta parte.

Así, a mis 17 años, empecé la importación de accesorios desde China para construir mi primer gran negocio de importación y distribución. Pude generar mis primeros ingresos durante los tres años que duró mi empresa, al formar una cadena de distribución por minoristas y mayoristas de todo el país atraídos por redes sociales, los cuales tenían buenos márgenes de ganancia. Mientras llevaba a cabo este negocio, acabé de estudiar en el colegio y comencé mis estudios en la carrera de Administración de Empresas, la misma carrera que habían estudiado mis padres; pese a que tenía mis dudas acerca de ir a la universidad, ellos sabiamente me indujeron a ingresar a la universidad y mantenerme en mis estudios hasta finalizarlos.

Cuando cumplí 20 años, se me presentó una oportunidad diferente: entrar a un modelo de distribución independiente por venta directa de ciertos servicios y productos, el cual aproveché. Empecé a dejar de lado mi anterior empresa (que ya estaba en caída libre, porque los accesorios que importaba pasaron de moda) para dedicar más tiempo a este nuevo camino, que me permitió generar también buenas ganancias durante los siguientes años mientras terminaba mi carrera universitaria.

Durante todos mis años de emprendedor, comprendí la importancia de comenzar a ahorrar mis ganancias porque mi madre siempre me había repetido lo importante que era separar una parte de mis ingresos para este fin y, como yo aún era bastante joven, no tenía gastos de importancia porque vivía con mis padres. Por ello, tomé la buena decisión de ahorrar más del 90 % de mis ingresos de entonces. Lo siguiente fue pensar: ¿en qué puedo invertir estas ganancias? Al comienzo, no tuve idea de en qué hacerlo y preferí dejarlas en el banco, lo cual me generó nuevas ganancias del 0.5 al 2 % de manera anual. Esto me pareció un gran descubrimiento, porque a los 18 años no sabía que mi dinero podía generar ingresos de forma segura simplemente dejándolo en el banco.

Un año después, descubrí un producto bancario llamado depósito a plazo fijo, en el cual me ofrecían tasas del 4 al 6 % de retorno anual por poner mi dinero en una cuenta que no podía utilizar por un año, lo cual me pareció propicio, pues no tenía ninguna inversión ni gasto alternativo para ese dinero. Para ese entonces, ya me había comprado un automóvil con las ganancias que me daba mi negocio, y pagaba mis gastos de gasolina, fiestas, comidas en restaurantes, cuentas de teléfono móvil, etc., pero aun así me restaban ciertos ingresos que seguía invirtiendo en estas cuentas.

Fue unos meses después cuando mi mentalidad cambió completamente. En la universidad donde estudiaba, se realizó una convocatoria para asistir a un evento en Estados Unidos con Warren Buffett, uno de los hombres más ricos del mundo y el mejor inversionista de la historia. Cuando asistí, me di cuenta de que no sabía absolutamente nada de inversiones y que, si quería ser rico en

algún momento, debía no solo hacer dinero (que venía haciéndolo como emprendedor), sino comenzar a hacer que mi dinero generara más dinero. **Son dos habilidades totalmente distintas.** Fue entonces cuando comencé a invertir en la Bolsa de valores con 19 años y emprendí distintas inversiones que iré narrando a lo largo de este libro.

Me considero una persona bastante positiva y agradecida con la vida; siempre intento captar las oportunidades en cada momento y sacar lo mejor de ellas. Considero también clave en mi aprendizaje tener una familia que me apoye. También estoy agradecido de haber conocido el éxito empresarial y las inversiones a una corta edad, pero también por haber conocido el fracaso, la quiebra y las pérdidas en inversiones desde muy joven. Considero que he aprendido y aprovechado ambas situaciones. Siempre recuerda: no importa dónde te encuentres en este momento de tu vida ni cómo sea tu entorno, solo tus decisiones te permitirán cambiarlos; no puedes controlar lo que te rodea, pero sí puedes controlar cómo reaccionas ante ello.

Hubo dos momentos en los que estuve en quiebra por el cierre de los negocios en los cuales trabajaba o la falta de despegue de los mismos. Creo, sinceramente, que es en los fracasos en los que realmente se conoce a las personas y de qué están hechas. Ninguna situación es permanente a menos que lo permitamos. Aprendí que podía salir adelante y que yo decidía si me definía el fracaso o el aprendizaje obtenidos para lograr mis objetivos. De esto se trata mi segundo libro, *El valor del fracaso*.

Hace unos años, comencé a crear contenido de educación financiera (inversiones, finanzas personales y emprendimiento) en YouTube, Instagram, Facebook y Spotify, porque toda mi vida he visto a personas muy cercanas a mí trabajar por dinero. Me refiero a personas que van a lugares que no necesariamente les gustan a hacer actividades que no disfrutan, todo eso en un horario que no les conviene, con el fin de tener un sueldo insuficiente porque necesitan ganarlo para vivir.

Me di cuenta de que el problema de estas personas no era el dinero, sino su falta de educación financiera. Creo que la educación formal (colegio o universidad) no está preparada para enseñarnos cómo manejar nuestro dinero, cómo invertirlo ni mucho menos cómo multiplicarlo. Esto sucede porque la educación actual está desfasada y, lamentablemente, el dinero en algunos hogares es un tema tabú. Parece que no, pero así es. Imagínense preguntándoles en la mesa a sus padres: «¿Cuánto dinero generan?». ¿Cómo reaccionarían? Para algunos, mencionarlo es un tema prohibido y en ocasiones hasta hiriente. En esta educación formal, tanto en el colegio como en la universidad, nos han hablado acerca del dinero de forma ligera, probablemente de lo importante que es GENERAR dinero. Sin embargo, y desde mi experiencia, la educación formal nunca nos ha hecho preguntarnos: ¿cómo administrar nuestro dinero?, ¿cómo deberíamos gastarlo?, ¿cómo deberíamos invertirlo?, ¿cómo hacer que nuestro dinero trabaje por nosotros?

OJO: está bien trabajar, pero es mejor hacerlo en cosas que disfrutas y te apasionan. En este libro, busco ofrecer la LIBERTAD de escoger a qué dedicar nuestro tiempo y energía a través de educación financiera, formas concretas de ahorrar, invertir y multiplicar nuestro dinero. Además, también encontraremos información acerca de mis hábitos y mi forma de pensar acerca del dinero. Este es el libro en el que recordaré todos los aprendizajes que he tenido hasta el momento.

La frase que he escogido para este libro es «EL DINERO ES UN EXCELENTE ESCLAVO, PERO UN PÉSIMO AMO». Busco enseñar a hacer que nuestro dinero pueda trabajar por nosotros, para que dejemos de trabajar solo por dinero y podamos tener la LIBERTAD de hacer las cosas que realmente queremos.

Desearía haber podido aprender todo esto con anticipación y, sobre todo, desearía haber podido compartir esta información antes, pero siempre recordemos que, **si el mejor momento para empezar era ayer, el se-**

gundo mejor momento es hoy. No importa la edad que tengamos, sino las ganas de cambiar nuestra realidad. Aprovecha esta oportunidad.

«Una persona inteligente aprende de sus errores;
una persona sabia aprende de los errores de los demás».

 ## LECCIÓN 1:
NUNCA DEPENDAS DE UNA SOLA FUENTE DE INGRESOS

Quiero dar esta información inclusive antes de comenzar a desarrollar el libro, porque no importa si tenemos un sueldo bien remunerado en este momento, el cual supere por mucho o poco el del entorno en el que nos desenvolvemos, o si tenemos un emprendimiento que está despegando y generando buenos ingresos. He visto toda clase de situaciones en las que las personas «exitosas» han cambiado su estilo de vida de la noche a la mañana por perder esta fuente de ingresos y tener un nivel bajo de inteligencia financiera.

También vi cómo personas muy cercanas a mí perdían esta fuente de ingresos «segura» y su vida pasaba de ser un «paraíso» a convertirse en un «infierno» en cuestión de meses y hasta semanas. Es por eso que quiero que piensen la respuesta a esta pregunta:

¿Qué pasaría si perdemos nuestra principal fuente de ingresos?

En este libro, explicaré cómo crear nuevas fuentes de ingresos y poder vivir de ellas para no cambiar nuestro tiempo por dinero, a menos que nosotros lo decidamos.

 ## LECCIÓN 2:
CONTRÓLATE A TI Y CONTROLA EL MUNDO

Las personas tienen un poder impresionante que ningún otro animal posee y es el poder de crearse a sí mismos. Recordemos que todo se crea dos veces: la primera en la mente y la segunda en lo material. Nuestros pensamientos tienen el poder de volverse acciones, nuestras acciones tienen el poder de volverse hábitos y nuestros hábitos somos nosotros. Los seres humanos tenemos una cualidad única: la capacidad de crear nuestros hábitos, porque luego estos nos crearán a nosotros.

Hace poco, tuve la oportunidad de viajar en crucero por primera vez en mi vida. Allí reflexioné acerca de unos datos que me habían contado hace un tiempo y decidí compartir una publicación en una de mis redes sociales.

Fuente propia

¿Sabías que, si giras el timón de un crucero 3 centímetros, después de un tiempo habrás cambiado de dirección por más de 1.000 kilómetros? Hoy subí al primer crucero de mi vida y tuve la oportunidad de pensar en que son las pequeñas decisiones que tomamos todos los días las que terminan cambiando nuestras vidas.

- ¿Quieres acabar de leer un libro? Comienza por leer 5 páginas al día.

- ¿Quieres emprender un negocio? Comienza por apoyar a tus amigos que emprenden.

- ¿Quieres comenzar a invertir? Comienza a seguir a las personas que lo hacen.

- ¿Quieres viajar por Europa? Comienza por pequeños viajes.

- ¿Quieres ser mejor? Comienza por dejar de ver televisión y ve buenos videos en YouTube.
- ¿Quieres tener más tiempo? Cambia la música por audiolibros.

Cada vez que queramos cambiar algo pequeño en nuestra vida, preguntémonos si nos acercará o alejará de las metas que nos hemos propuesto. El gran problema que muchos de nosotros tenemos es que nuestras metas están cuesta arriba y nuestros hábitos, cuesta abajo. Todo en esta vida está determinado por esos pequeños hábitos que creemos que no tienen ningún efecto. La oportunidad de cambiar está en ti. TOMA LA DECISIÓN.

LECCIÓN 3:
HÁBITOS

He tomado la decisión de compartir parte de mis hábitos diarios. Esta es una reflexión que llevo conmigo en mi agenda y la reviso cada vez que me falta energía para hacer un cambio en mi vida:

«Tú eres lo que piensas, pues lo que piensas lo haces.
Lo que hacemos repetidamente se convierte en un hábito.
Una persona no es más que sus hábitos (pensamiento
más acción). Que nuestros hábitos nos lleven hacia nuestros
sueños, nos llenen de energía y felicidad».

Compartiré algunos de los hábitos que considero que han influido más en mi vida y en mi relación con el dinero, para que, de esta manera, podamos aprovechar mis aprendizajes. No debemos aplicar todos, pero puedo asegurar que estas pequeñas acciones son las que me han permitido acelerar mi curva de aprendizaje como emprendedor e inversionista.

Hábito 1:
Termina siempre lo que empieces

Cuando era pequeño, uno de mis más grandes defectos era que no tenía disciplina. Fui «regular» en muchos deportes, pero no destacaba en ninguno porque no perseveraba ni me apasionaba. En mis primeros años de colegio, sentía que me pasaba lo mismo con los estudios. Era un estudiante promedio.

Fue en la secundaria cuando comencé a darme cuenta de que era muy importante ser responsable. Tomaba esa responsabilidad prometiéndome persistir cn mis metas, pero no fue hasta varios años después cuando realmente interioricé este conocimiento y empecé a aplicarlo. Estos mismos aprendizajes los he llevado a lo largo de mi vida, desde terminar todos los libros que empiezo a leer y hacer mis pendientes de la semana, hasta terminar de escribir un libro.

Conozco a muchas personas que subestiman lo que pueden hacer en una década, pero sobreestiman lo que harán en un año. Vivimos en una sociedad que premia la inmediatez: apenas subes una foto en redes sociales, esperas el incentivo de la sociedad con las interacciones (los «me gusta», las veces que se comparte, etc.). Sin embargo, la realidad para la mayoría de personas es que no se cosecha en la misma década que se siembra.

Pongámonos a pensar en esto: si somos de las personas que no terminan de leer los libros que empiezan, tengamos cuidado, porque como eres en lo pequeño eres en lo grande. Si queremos lograr nuestros sueños (meta grande), comencemos terminando el libro (meta pequeña).

Si buscamos ser extraordinarios, comencemos haciendo bien las cosas ordinarias.

Hábito 2:
Nuestra palabra es nuestro contrato

Warren Buffett, el mejor inversionista de la historia, afirma que «se tarda 20 años en construir una reputación y 5 minutos en destruirla. Si piensas acerca de esto, harás las cosas de diferente manera».

Hay una frase muy importante en inversiones: *«Put your money where your mouth is»*, lo que se traduce en español como «pon tu dinero en lo que pones tus palabras». Muchas personas hablan sobre inversiones, pero muy pocas invierten en lo que hablan; todos tienen opiniones, pero no todos tienen resultados.

Ambas frases son indispensables para la vida y las inversiones. Creo firmemente en que la coherencia es uno de los valores más importantes en los negocios y las inversiones. Siempre debemos ser coherentes entre lo que decimos y lo que hacemos; al final, las personas no harán lo que les digamos que hagan, sino lo que realmente sienten que son capaces de hacer.

Debemos respetar lo que decimos porque, al final, eso será lo que dirán de nosotros. Pero, aún más importante, seamos responsables con lo que nos decimos a nosotros; al final, eso será lo que diremos de nosotros. Es un hábito cumplir con lo que dijimos que haríamos o no.

Hábito 3:
Excede las expectativas

El éxito en la mayoría de los negocios consiste en dar un mayor valor a lo que esperan nuestros clientes.

Si trabajamos para alguien, nuestro cliente es nuestro jefe.

Si somos estudiantes, nuestros clientes son nuestros profesores y, tal vez, nuestros padres.

Si somos empresarios y somos «nuestro propio jefe», nuestro jefe es nuestro cliente.

Debemos sorprender positivamente a las personas según las expectativas que tengan de nosotros. De esa manera, podremos tener resultados extraordinarios.

Cuando vas por un café, por ejemplo, a Starbucks, no solo te dan un café bueno, sino una atención de primera, un local en óptimas condiciones, todos los accesorios que necesites (cañita, servilletas, azúcar, etc.); es decir, te ofrecen más de lo que esperas. Es por eso que decides volver y recomendar ese lugar.

La mejor forma de ascender en un trabajo es ser proactivo, dar mucho más de lo que esperan de nosotros. Si aspiramos a un puesto de gerente, debemos trabajar como gerentes antes de serlo. Excedamos las expectativas.

Si aspiramos a ser millonarios, debemos ver cómo agregaremos mucho valor a muchas personas, solucionar un problema y exceder las expectativas con la solución.

Cada vez que nos pidan algo, siempre preguntémonos: ¿qué más puedo dar?

Hábito 4
Si no lo entiendes, no lo hagas

Como mencionaba al inicio, el sistema de educación actual nos impulsa a obtener buenas notas, pero no necesariamente a aprender bien la lección. Esto surge debido a la necesidad de evaluar un resultado y no el aprendizaje de este.

Cuando estaba en el colegio, sacaba buenas calificaciones en pruebas de razonamiento. Sin embargo, en las pruebas de memoria no me iba tan bien, porque jamás entendí (hasta ahora) la importancia de aprender de memoria un párrafo para luego escribir exactamente lo mismo. Creo que nuestra generación es la responsable de generar un cambio en los sistemas actuales, no solo en la educación, sino en muchas otras variables, como el sistema laboral moderno. En mi vida, siempre he buscado entender el porqué de las cosas.

Por ejemplo, quería saber cómo funcionaban no solo los diferentes artefactos que usaba, sino también los sistemas de pensamiento de cada una de las personas con las que me rodeaba.

Sugiero que, si no entendemos por qué estamos haciendo algo, no comencemos a hacerlo hasta que lo tengamos claro. Una vez tengamos claro el motivo de nuestra tarea, podremos no solamente cumplirla, sino exceder las expectativas. La diferencia entre el valor que podemos agregar a un problema (el tipo de solución que brindaremos) y el que cualquier otra persona podrá ofrecer es el pensamiento crítico que generaremos. Este debe partir de un entendimiento de la problemática planteada.

Hábito 5:
Pregunta, pregunta y pregunta

Los mayores errores se han dado por una mala comunicación. Es mejor preguntar, aunque parezca tonto, por algo que no entendemos a quedarnos con la duda para siempre solo porque quisimos parecer inteligentes al principio.

Nadie debería juzgar a otra persona por hacer preguntas, porque nadie nació conociendo todo; de hecho, el proceso de aprendizaje de cualquier persona se basa en preguntar. Si no preguntas, no creces. Desde pequeño, mis padres me enseñaron a preguntar, ¡y vaya que lo hacía bien! He preguntado el porqué de las cosas muchas veces. Aún me sigo haciendo preguntas: me considero una persona curiosa que quiere saber todo lo que esté a mi alcance.

Es importante también saber a quién preguntar. Sigamos a las personas que tengan resultados o información probada en lo que queremos aprender. No sigamos opiniones. Más adelante, hablaremos detalladamente sobre este punto.

Hábito 6:
Escuchar (tenemos dos orejas y una boca)

En algún momento de mi vida, sentí que me volví arrogante porque pensaba que los resultados que tenía me hacían mejor y con más conocimiento que los demás. Pero agradezco que la vida me haya enseñado que los resultados, a largo plazo, crecen hasta el nivel que cada persona merece.

Es por eso que gané aprendizaje a partir de situaciones financieras bastante difíciles. Mis negocios quebraron dos veces, mis gastos eran superiores a mis ingresos y fue, en ese momento, que realmente descubrí que lo que tenía no era un conocimiento superior, sino una ignorancia superior.

La persona más inteligente tiene algo que aprender de cualquier otra. No somos mejores que nadie, pero tampoco peores. Probablemente, si hubieras experimentado lo que la persona que está al frente ha pasado durante toda su vida, actuarías de manera similar.

La comunicación, a diferencia de lo que muchos creen, se basa en escuchar. Procura hacerlo más seguido. Hace algún tiempo, leí que no se puede aprender mientras estamos hablando, pero sí se puede aprender al escuchar.

Hábito 7:
Lee

«Un hombre inteligente aprende de sus errores,
un hombre sabio aprende de los errores de los demás».

Uno de los hábitos más firmes en mi vida es el de la lectura. Hasta los 20 años, no había leído ni 5 libros en toda mi vida, incluyendo los que me pedían en el colegio y en la universidad; espero que entiendan que, realmente, no los leía.

Luego de escuchar una de las historias que les contaré más adelante en el libro, entendí que, si no tenía un plan de crecimiento, solo iba a envejecer, mas no a crecer. Pese a que odiaba leer, me di cuenta de que, si no aprendía de los errores y los aciertos que habían tenido otras personas emprendiendo, invirtiendo y en diferentes temas de interés, entonces me sería muy difícil destacar.

Me di cuenta de que leer era acortar el camino y que prefería dejar de lado mi odio hacia la lectura por mis ganas de mejorar, por mis negocios y mis inversiones. Fue entonces cuando decidí volverlo un hábito.

Más adelante contaré cómo leo 50 libros todos los años desde que tomé la decisión de hacerlo.

Último consejo respecto a libros: no leas todos los libros; hay una mejor forma. Fíjate qué libros te recomiendan leer las personas que están donde quisieras estar, apúntalos en una lista y cómpralos todos para ir leyéndolos poco a poco. En mi caso, siempre tengo un *stock* de más de 50 libros por leer comprados y más de 30 en mi lista de pendientes por comprar. Si por algún motivo te resulta caro un libro, ponte a pensar: ¿no sería más caro no tener ese conocimiento?

Hábito 8:
Viaja

Mientras escribo este libro, estoy en un avión, donde más me concentro para escribir, porque no tengo acceso a internet. En mi vida, he conocido más de 43 países y 90 ciudades; sin embargo, tengo la meta de lograr conocer 50 países antes de cumplir 30 años. Creo firmemente que el viajar nos extrae de nuestra zona de confort y permite no solo recorrer lugares hermosos e históricos, sino descubrir lo más importante de cada lugar: las personas que conocemos y las experiencias que vivimos.

Considero que la mejor inversión que una persona puede realizar es en sí misma, en estar en mejora continua. Por lo tanto, viajar puede ser una excelente inversión siempre que así lo desees.

Como anécdota, debo decir que en mis distintos viajes he conocido a personas que me han inspirado a emprender, a invertir y a ser mejor. También he conocido realidades distintas que me han permitido traer ideas de negocio o aplicar ciertas ideas en los trabajos y los proyectos que he manejado.

Considero que en cualquier trabajo o emprendimiento se preferirá a una persona que ha viajado y ha experimentado distintas realidades antes que a una persona que nunca ha salido de su zona de confort. Hoy en día viajar no es una posibilidad lejana, sino es una decisión que todos podemos elegir.

LECCIÓN 4:
MENTE ABIERTA

Nunca crean todo lo que escuchan, pero tampoco se cierren a ninguna posibilidad. Es importante poder ser capaz de imaginar realidades diferentes. No necesariamente las comprenderemos, pero sí es importante que creamos que existen. Hay muchas personas que estudian, trabajan y se jubilan porque es todo lo que su mente conoce y jamás se dieron la posibilidad de creer en algo más allá de eso. La mejor forma de ser libres es liberarnos de nuestros propios miedos. La mayor prisión que puede existir es una mente cerrada.

Al comienzo del libro, escribí: «Libertad financiera: etapa soñada, utópica para algunos y feliz realidad para otros». Me refiero a que es una realidad que muchas personas ni siquiera se permiten imaginar o aceptar como posible, mientras que otras han logrado cambiar su mentalidad para obtenerla.

Recordemos que nuestra vida es como preparar una *pizza*. No podemos tener una gran *pizza* sin tener grandes ingredientes. Los pensamientos que dejamos entrar en nuestra mente son los ingredientes que componen nuestra realidad. No podemos tener una realidad de ensueño con malos pensamientos.

LECCIÓN 5:
APRENDE A IGNORAR

> *«Las naves no se hunden por el agua que las rodea.*
> *Las naves se hunden por el agua que está dentro de ellas.*
> *No dejes que lo que sucede a nuestro alrededor entre*
> *en ti y te hunda».*

Que nos importe menos el qué dirán y más el qué diremos. Todos tienen una opinión, todos tienen un consejo acerca de la vida de los demás. Podemos escuchar a todos, pero no interioricemos ningún consejo y no aceptemos ninguna opinión de personas que no estén en el lugar donde queremos estar.

LECCIÓN 6:
EL DINERO ESTÁ SOBREVALORADO Y EL TIEMPO ESTÁ SUBVALORADO

Quiero terminar este capítulo con la frase que titula esta sección. Sinceramente, pienso que en nuestra sociedad adoramos muchísimo al dinero por todo lo que nos permite lograr y hacer. Sin embargo, lo más valorable que tenemos y de lo que muchas veces no nos damos cuenta es de nuestro tiempo. ¿Alguna vez lo has pensado?

Quiero poner un ejemplo para que entiendas mi punto, basado en dos realidades:

1. Profesor de colegio
   - Tiene un salario neto de 1.750 € al mes durante los 12 meses del año (total = 21.000 €).

2. Un abogado
   - Tiene un salario neto de 2.500 € al mes durante los 12 meses del año (total = 30.000 €).

¿Quién gana más? ¿Cuál preferirías ser?
Falta información.

1. Profesor de colegio
   - Tiene un salario neto de 1,750 € al mes durante los 12 meses del año (total = 21.000 €).
   - Trabaja de lunes a viernes, de 8:00 a. m. a 3:00 p. m. (7 horas por día), y un adicional, para corregir tareas, de 5 horas por semana. Es decir, trabaja 40 horas a la semana.

2. Un abogado
   - Tiene un salario neto de 2.500 € al mes durante los 12 meses del año (total = 30.000 €).
   - Trabaja de lunes a viernes, de 9:00 a. m. a 6:00 p. m. (9 horas por día), y un adicional, para casos especiales, de 10 horas a la semana en promedio. Es decir, trabaja 55 horas a la semana.

¿Quién gana más? ¿Cuál prefieres ser?
¿Sientes que se va complicando la situación?
Falta información.

1. Profesor de colegio

   - Tiene un salario neto de 1.750 € al mes durante los 12 meses del año (total = 21.000 €).

   - Trabaja de lunes a viernes, de 8:00 a. m. a 3:00 p. m. (7 horas por día), y un adicional, para corregir tareas, de 5 horas por semana. Es decir, trabaja 40 horas a la semana.

   - Trabaja 40 semanas al año, porque tiene un descanso de 12 semanas, considerando el descanso de verano para los estudiantes y otras vacaciones.

2. Un abogado

   - Tiene un salario neto de 2.500 € al mes durante los 12 meses del año (total = 30.000 €).

   - Trabaja de lunes a viernes, de 9:00 a. m. a 6:00 p. m. (9 horas por día), y un adicional, para casos especiales, de 10 horas a la semana en promedio Es decir, trabaja 55 horas a la semana.

   - Trabaja 48 semanas al año; además, tiene un descanso de 4 semanas al año.

   - Esa es toda la información. Tomemos una decisión y hagamos cálculos simples.

El profesor trabaja 40 semanas a un ritmo de 40 horas a la semana; es decir, 1600 horas por año, y recibe 21.000 € al año. Es decir, genera 13,125€ por hora.
El abogado trabaja 48 semanas a un ritmo de 55 horas a la semana; es decir, 2640 horas por año, y recibe 30.000 € al año. Es decir, genera 11,36€ por hora.

No todo es como parece. Debemos comenzar a valorar nuestro tiempo. Esto ha sido solo un ejemplo de cómo, sin la información adecuada, se puede tomar una decisión apresurada. En este caso, nos hemos enfocado en el dinero, pero la verdad es que ese es solo un factor, que no debería ser el más relevante al tomar una decisión; el dinero puede volver. El tiempo no se recupera y es en lo que debemos tener más cuidado al invertir. Ahora queda la pregunta:

¿Qué vida preferirías?

Muchos de nosotros tomamos esta decisión al inicio de nuestras vidas sin la información adecuada. Comencemos a valorar nuestro tiempo. En este libro, hablaremos de dinero, pero con la finalidad de que podamos tener más tiempo y libertad de enfocarnos en las cosas que realmente importan y que son valiosas para nosotros.

La vida es corta. **No es un día más, sino un día menos.** Encontré una frase, en las redes sociales, sobre un filósofo que conversa con otro y decidí ponerla aquí: «Las personas que pierden la salud para ganar dinero, luego pierden el dinero para recuperar la salud; y, por pensar ansiosamente en el futuro, olvidan el presente, de tal forma que acaban por no vivir el presente ni el futuro... Viven como si nunca fueran a morir y mueren como si nunca hubiesen vivido». Cada día que pasa en nuestras vidas y no hemos hecho lo que realmente nos apasiona, que no hayamos logrado aprovecharlo al máximo, significa un día menos en nuestras vidas para poder hacerlo. Recuerda que te vas a morir, pero...

¿Vas a vivir?

¿Vas a vivir a plenitud?

¿Vamos a vivir la vida de nuestros sueños?

Todo empieza con una decisión.

PASO 1
INVERTIR EN TI

El dinero es un excelente esclavo, pero un pésimo amo

Esta es la frase que ha acompañado la mayoría del contenido que hemos generado a través de este libro y los diferentes medios en los que hemos compartido información, como YouTube, Facebook, Instagram y demás. Debemos saber que tomo esta frase al haber visto a muchas personas muy cercanas a mí ser esclavas del dinero. Me refiero a personas que trabajaban solo porque necesitaban el dinero y no porque les apasionara su trabajo. Siempre me he mostrado a favor de las personas que trabajan por pasión y en contra de las personas dominadas por el sistema actual, que no son felices y odian el dinero. Probablemente, estas últimas jamás comprarían un libro como este, porque culpan al dinero por sus problemas; eso es tan ilógico como que una persona culpe al martillo por haberse golpeado el dedo. Si queremos cambiar nuestra realidad, debemos cambiar los pensamientos con los que la alimentamos.

¿Cómo saber si nos gusta nuestro trabajo? Hay una frase que me parece muy cierta: «Trabajar en algo que nos gusta se llama pasión, mientras que trabajar en algo que no nos interesa se llama estrés». Por más duro que suene, esto es solo una decisión; todos tenemos circunstancias diferentes, pero la peor esclavitud es la que crea nuestra mente con los límites que nos imponemos. Es muy importante saber manejar el dinero; sin embargo, es más importante aún saber manejarnos a nosotros mismos.

EL DINERO SOLO AMPLIFICARÁ LO QUE ERES

¿Alguna vez han escuchado las historias de las personas que ganan la lotería y terminan más pobres y endeudadas que antes?

Lo que sucede es que el común de las personas piensa que, si tiene más dinero, entonces sus problemas de dinero desaparecerán. Nada más falso: si somos personas que tienen poca inteligencia financiera, actuaremos igual con poco o mucho dinero. Hay una muy buena frase que dice: «Cuando una persona con dinero se junta con una persona con experiencia, este encuentro resulta en que la persona con experiencia termina con dinero y la persona que tenía dinero termina con una gran experiencia».

Ejemplo simple: si pones agua en un vaso con un hueco en la base, no importa cuánta agua eches, siempre el vaso terminará vacío. Si viertes agua, por más que solo gotee, en un vaso en perfecto estado, no importa cuánto tiempo pase: el vaso terminará llenándose. Por si no quedó clara la analogía: el vaso es nuestro nivel de inteligencia financiera y el agua es el dinero.

Para terminar el ejemplo de la lotería, el motivo por el cual las personas gastan todo el dinero que ganaron y terminan peor que antes es porque su estructura de pensamiento las conduce a gastar todo lo que tienen; entonces, encuentran siempre la manera de despilfarrar su dinero. Esto puede sonar a un ejemplo muy lejano, pero ¿qué hacemos cuando nos aumentan el sueldo?

COMO ERES EN LO PEQUEÑO ERES EN LO GRANDE

Muchas veces escucho a personas decir:

- «Cuando *sea millonario, comenzaré a donar*».
- «Cuando *tenga X cantidad de dinero, comenzaré a invertir*».
- «No *tengo dinero para invertir en mí*».
- «Cuando *gane igual que el director general, podré darme el lujo de ir a esa conferencia*».
- «Cuando..., *comenzaré a viajar*».
- «Cuando..., *haré algo que quiera*».

Si no donas dinero y retribuyes a la sociedad cuando ganas 1.000 € al mes, entonces muy probablemente tampoco lo harás cuando ganes 100.000 €.

Si no inviertes en tu formación cuando ganas 500 € al mes, entonces muy probablemente tampoco lo harás cuando ganes 1.000.000 €

Como siempre lo digo, esto no es un problema de dinero,
¡es un problema de mentalidad!

Una vez fui a una conferencia de emprendimiento en Estados Unidos, en la cual participaban muchos millonarios. En ese momento, yo tenía que invertir más del 100 % de lo que ganaba en el mes para asistir y pagarme el pasaje, estancia, comidas y *ticket* de la conferen cia. Dentro de mi mente pensaba: «No puedo permitirme no asistir y conocer a estas personas; sería muy caro para mí perderme ese conocimiento». Al mismo tiempo, cuando les comenté sobre esta conferencia a muchos de mis pares, e incluso a personas que ganaban más dincro que yo, todos alegaban cosas como las siguientes: «Es muy caro», «Iré el siguiente año», «Compraré la versión *online*», «No puedo darme el lujo de hacer esa inversión», etc.

El mismo motivo por el que alguien lleva a cabo una acción puede ser el motivo por el que otra persona deje de hacerlo. Todo está en la mente.

Albert Einstein definía la locura como «hacer todos los días lo mismo y esperar resultados diferentes».

Si en este momento estamos quebrados y no podemos permitirnos invertir 2.000 € en nuestro crecimiento personal, capacitación o sueños, ¿qué nos hace pensar que las cosas cambiarán en un año? Nada cambia a menos que tú lo hagas.

EL DINERO NO EXISTE, ES UNA IDEA

Debemos de saber que el dinero es solo una idea, un papel moneda al cual le hemos asignado valor para realizar transferencias comerciales. No importa lo mucho o poco que te interese, pero eso es y no tiene ningún valor más que el que nosotros le damos.

Está mal odiar el dinero porque es solo una herramienta y evita asumir la responsabilidad sobre nuestras acciones. Pero también está mal amar el dinero, porque podemos obsesionarnos y desviar el foco de lo que realmente es importante en la vida.

Pongámonos a pensar: no podemos amar ni odiar un martillo; simplemente, debemos verlo como lo que es, una herramienta. Y usarlo de la mejor manera posible, no importa si en algún momento hemos tenido una mala experiencia con él (nos golpeamos un dedo) o si hemos sido muy felices con él (construyendo nuestra casa). No desvirtuemos la realidad: es solo una herramienta y podrá ayudarnos o perjudicarnos dependiendo de cómo la usemos, pero es al final nuestra responsabilidad. Lo mismo sucede con el dinero.

CONOCE TU VALOR

Quiero compartir con ustedes una historia que escuché y espero que pueda despertarles una idea, al igual que sucedió conmigo:

Fuente: https://cutt.ly/ HtCOEGZ

Un padre antes de morir le dice a su hijo: «Este reloj es del abuelo y tiene más de 200 años de antigüedad, pero antes de dártelo quiero que vayas a la tienda de relojes que está cerca de la casa y digas que lo queremos vender y preguntes cuánto dinero vale». Entonces, el hijo fue y volvió donde su padre a decirle: «El relojero ofreció $5 porque el reloj es muy viejo». Su padre le respondió: «Anda a la tienda de empeños y haz lo mismo».

Cuando volvió le comentó: «Allí me ofrecieron $10». Entonces, el padre le señaló: «Anda al museo y muéstrales el reloj». Él fue y cuando volvió le dijo a su padre: «Me ofrecieron un millón de dólares por él». El padre dijo: «Quiero que sepas que, si escoges el lugar correcto, siempre te valorarán de acuerdo con lo que vales. No te pongas en el lugar incorrecto y te molestes si no te valoran. El que conoce nuestro valor es el que nos aprecia».

Hay una diferencia entre precio y valor. Más adelante hablaremos de esto en relación con las inversiones que podemos realizar. Pero lo más importante es conocer nuestro valor.

NO TENGO TIEMPO PARA...

Esta es la mayor mentira que existe. Cuando alguien dice eso, significa que no ve los motivos para priorizar invertir su tiempo en lo que le proponen. Todos tenemos las mismas 24 horas; lo importante es ser consciente de eso. ¿No tenemos tiempo para nuestra familia, amigos, sueños y demás? Quizá estamos muy ocupados trabajando para sobrevivir. Los invito a que comiencen a vivir. Muchos piensan que para invertir necesitan dinero, ¡pero la verdad es que invertir nuestro tiempo es aún más valioso!

Te invito a que inviertas tu tiempo en este libro, invierte en tu activo más valioso: en ti mismo; verás cómo tendrás resultados muy pronto. Recordemos que la vida se basa en establecer prioridades.

DESEO ARDIENTE

Quiero empezar contándote una historia que a mí me cambió la vida.

Quiero que por un momento se concentren y visualicen el lugar en donde viven en llamas. Ha comenzado un incendio y el fuego crece y crece. Respondan, entonces, las siguientes preguntas:

- Imaginen por un momento que dentro de su hogar hay 1.000 €. ¿Entrarían a su hogar que se está incendiando para recuperarlos?

- La mayoría de ustedes, estoy convencido, no arriesgaría su salud por este importe . Sin embargo, algunos podrían pensarlo.

- Ahora quiero que imaginen que dentro hay 10.000 €. ¿Entrarían a su hogar que se está incendiando para recuperarlos?

- Tal vez alguno de ustedes ahora sí consideró esta opción y decidió que sí entraría.

- Ahora quiero que se imaginen que dentro hay 100.000 €. ¿Entrarían a su hogar que se está incendiando para recuperarlos?

- Estoy convencido de que para esta pregunta la mayoría de ustedes ha considerado la posibilidad y algunos ya decidieron que sí entrarían.

- Última pregunta: ahora quiero que se imaginen que dentro de su hogar que se está incendiando está la persona que más quieren (sus padres, sus hijos, sus hermanos, su pareja). ¿Entrarían por ellos?
- Ahora estoy seguro de que todos han decidido entrar.

En la vida, para conseguir algo, debemos tener determinación. **No existe miedo muy grande, sino motivaciones pequeñas.** Si estamos convencidos de algo, no importa lo difícil sea o lo difíciles que se pongan las cosas, nosotros lo vamos a lograr.

Debemos tener en claro nuestro porqué. El dinero en sí mismo no es una motivación suficiente para lograr lo que queremos, pero sí puede serlo algo que consigues con dinero o con nuestra idea acerca del dinero. Las personas que se motivan solo por la idea de tener dinero, una vez lo consigan, se darán cuenta de que por sí solo es una satisfacción vacía.

En mi caso, me interesa el dinero, porque para mí es sinónimo de libertad.

Libertad para elegir qué hacer con mi tiempo.
Libertad para tener tiempo con mi familia y mis amigos.
Libertad para cumplir mis sueños.
Libertad para ayudar a los demás.
Libertad para viajar.

¿QUÉ SIGNIFICA EL DINERO PARA TI?

Recordemos que, si vemos el dinero como algo negativo, jamás podremos atraerlo. Esto es muy importante si nacimos en una familia que siempre nos repetía lo siguiente:

- «El dinero es para los corruptos; yo prefiero ser humilde».
- «No podemos comprarlo; es muy caro».
- «Soy pobre, pero feliz».
- «No tengo dinero, pero tengo salud».

Todos estos son pensamientos de escasez y, si los compartimos, debemos ser conscientes de que no solo no estamos atrayendo el dinero, sino que estamos repeliéndolo, porque lo consideramos como algo negativo en nuestra vida. Debemos comenzar a cambiar nuestra mentalidad por frases como las siguientes:

- «El dinero es una herramienta; yo decido cómo utilizarlo».
- «El dinero no me quita la humildad».
- «Con dinero puedo ayudar a más personas».
- «Con dinero podré hacer felices a más personas».
- «Tengo salud y tengo dinero».
- «Tengo felicidad y tengo dinero».
- ¿Cómo podemos cambiar nuestra manera de relacionarnos con el dinero?

El primer paso es darnos cuenta de que, consciente o inconscientemente, tenemos una relación con el dinero; debemos comenzar a tomar control de nuestros pensamientos. Rodeémonos de personas que estén donde queremos estar, que piensen de manera positiva sobre el dinero. ¿Dónde encontramos a esas personas? En libros, en videos, en audios o en conferencias. Allí reside la importancia de invertir en nosotros.

Fuente: https://cutt.ly/OtCWqZw

EL DOMADOR DE HUMANOS

Un elefante adulto tiene un aro de acero de cinco centímetros de ancho en una de las patas traseras, que lo une a una cadena de quizá dos metros. A su vez, la cadena está atada a una estaca clavada en el suelo. Ahora bien, es obvio que el elefante sería capaz de sacar la estaca cada vez que quisiera. Pero no lo hace.

Ese elefante fue encadenado a la estaca desde que era bebé y no tenía la fuerza para arrancarla. Pronto, aprendió la inutilidad de tratar de sacar la estaca y la aceptó como una condición de su vida. Cuando tuvo la fuerza suficiente para liberarse, ya había cesado de intentarlo. Con tal de que tenga paja, agua y, en ocasiones, algún cacahuate, está contento de vivir dentro de un radio de dos metros. Se sabe de elefantes que murieron en incendios encadenados a estacas que hubieran arrancado con facilidad.

Muchas veces nosotros somos peores que los elefantes. Estamos limitados por la peor prisión que puede existir: nuestra mente. ¿Cuántas veces hemos dejado de hacer cosas porque «no podemos», «no sabemos hacerlo», «somos malos para eso» o «tenemos miedo»? ¿Cómo sería nuestra vida si es que no tuviéramos miedo de hacer las cosas, cómo sería nuestra vida sin los prejuicios que creemos que las personas nos han endilgado? Y, sobre todo, ¿cómo sería nuestra vida sin los prejuicios que nosotros mismos nos adjudicamos?

La principal barrera para conseguir lo que deseamos (amor, felicidad, dinero, etc.) somos nosotros mismos. Y el primer paso para obtener lo que deseamos es asumir la responsabilidad de nuestra situación actual.

¿Eres pobre?

Cámbialo. Tal vez no sea fácil, pero solo hay una persona que puede ayudarnos y somos nosotros mismos.

¿No eres feliz?

Pensémoslo. ¿Qué necesitamos para serlo? Creo firmemente en que la felicidad es disfrutar nuestro camino más que llegar a una meta específica. Pongámonos metas y disfrutemos del hecho de que estamos construyendo nuestra historia. No todas las historias son bonitas todo el tiempo, pero no habrá otra igual a la nuestra.

¿No naciste en una familia rica?

No hay de qué preocuparse. Más del 50 % de las 500 personas más ricas del mundo tampoco lo hicieron. No importan nuestras condiciones, sino nuestras decisiones.

¿No conoces a nadie en tu familia que haya terminado la universidad?

¿No sería genial ser el primero? Todo parte de una decisión.

¿Nunca has salido del país o querido viajar?

Salgamos de nuestra zona de confort. Perdamos el miedo, atrevámonos. La vida solo es una y nuestra zona de confort es muy pequeña para solo vivir dentro de ella. Sin dolor no hay evolución.

¿No encuentras oportunidades?

Un emprendedor es el que transforma un problema en una oportunidad; emprende.

¿Te sientes solo?

La mejor compañía siempre será uno mismo. Si no eres feliz y no te diviertes solo, tampoco lo podrás hacer en compañía. Nadie puede dar lo que no tiene; si estamos esperando a alguien que nos haga felices, entonces debemos dejar de esperar y comenzar a fijarnos en nosotros mismos. Crezcamos, mejoremos y compartamos.

¿No tienes la vida que quisieras?

Recordemos que, si no vivimos como pensamos, terminaremos pensando como vivimos. Cambia tu mentalidad y cambiará tu realidad.

Es fácil detectar un coche amarillo si siempre pensamos en uno. Es fácil hallar una oportunidad si siempre pensamos en oportunidades. Es fácil encontrar cualquier razón para estar enfadado si siempre pensamos en estar enfadados. Muchas veces no nos damos cuenta, pero nos convertimos en aquello en lo que constantemente pensamos.

Antes de finalizar esta parte, quiero compartirles un pensamiento de Rudyard Kipling:

Si piensas que estás vencido, lo estás.
Si piensas que no te atreves, no lo harás.
Si piensas que te gustaría ganar,
pero no puedes, no lo lograrás.
Si piensas que perderás, ya has perdido,
porque en el mundo encontrarás que el éxito
comienza con la voluntad del hombre.
Todo está en el estado mental.
Porque muchas carreras se han perdido
antes de haberse corrido, y muchos cobardes
han fracasado antes de haber
su trabajo empezado.
Piensa en grande y tus hechos crecerán.
Piensa en pequeño y quedarás atrás.
Piensa que puedes y podrás.
Todo está en el estado mental.
Si piensas que estás aventajado, lo estás.
Tienes que pensar bien para elevarte.
Tienes que estar seguro de ti mismo antes
de intentar ganar un premio.
La batalla de la vida no siempre la gana
el hombre más fuerte o el más ligero, porque,
tarde o temprano, el hombre que gana es aquel
que cree poder hacerlo.

TENER EN CLARO NUESTRO PORQUÉ

¿Alguna vez se han preguntado por qué algunas personas logran cosas increíbles, mientras otras no?

La gran diferencia entre las personas que logran cosas extraordinarias y las que no es que las primeras empezaron con el fin en mente. Es decir, tenían claro lo que querían lograr, pese a no necesariamente saber el cómo.

Si no sabes a dónde vas, ¡YA LLEGASTE!

Hace unos años escuché esa frase; me pareció interesante, pero no terminé de entenderla. Si tomamos más tiempo planeando nuestras vacaciones anuales que lo que tomamos para planear nuestra vida, entonces somos los únicos responsables de nuestros resultados o, mejor dicho, de nuestra falta de resultados, de dinero, de viajes y de abundancia en general.

Como siempre digo, para cambiar nuestra realidad, debemos cambiar nuestra mentalidad. Debemos dedicar tiempo a planear la vida que tendremos.

Les dejo algunas preguntas: ¿cómo serían sus vidas de ensueño? ¿Qué harían si el dinero no fuera un impedimento? ¿Qué países les gustaría conocer? ¿Cómo vivirían?

Hace unos años, me planteé estas preguntas y les quiero compartir una de las metas que tracé: conocer 50 países antes de cumplir 30 años. Ya voy 30 países visitados. No importa la cantidad de países en realidad, lo que me interesa es saber en qué persona me convertiré en el proceso de cumplir esa meta, porque viajar expande nuestra mente y permite conocer a personas que pueden cambiar nuestra realidad. Vamos por esas metas, cerremos este año planeando nuestros próximos 5 años; nunca sobreestimemos lo que podemos lograr en un año ni subestimemos lo que podemos lograr en 5 o 10.

METAS ESCRITAS

Pongamos nuestras metas siempre por escrito. Es necesario que podamos hacer una lista de todas las cosas que deseamos lograr tanto a corto como a largo plazo, y luego ir priorizando lo que realmente es importante para poner todo nuestro enfoque en ello.

Recordemos que no se cosecha el mismo día que se siembra. **Una vez tengas claras tus metas, trabaja por ellas sin descanso, pero sin desesperación**. Todo llegará.

Debemos saber que, al ponerle fecha a un sueño, este se transforma en una meta; una meta dividida en pasos se convierte en un plan, y un plan apoyado en acciones se vuelve realidad. Haz que suceda.

MAPA DE SUEÑOS

La mente piensa en imágenes.
Si lo podemos imaginar, lo podemos crear.

Un mapa de sueños es una herramienta para que podamos visualizar todo lo que deseamos lograr. Por ejemplo: si queremos comprarnos un coche pronto, debemos visualizar la marca del vehículo, el año de fabricación, el modelo, el color, etc. Cuanto más precisos seamos, más fácil será atraerlo.

Dejaré una lista de ayuda de aspectos que podemos poner en nuestro mapa de sueños y, al final, un ejemplo:

- atraer dinero
- atraer amor
- amigos
- un círculo de influencia
- el cuerpo que deseamos tener
- conferencias a las que deseamos asistir
- personas que queremos conocer
- familia
- empresas
- coches
- casas o departamentos
- viajes

- graduarnos
- buenas notas
- eventos deportivos

Algunos ejemplos prácticos para visualizar esto es poner nuestro mapa de sueños como fondo de pantalla en nuestro ordenador, teléfono móvil o *tablet*. Además, podemos imprimirlo y llevarlo con nosotros en nuestra agenda, cuadernos o libretas de uso diario. Esto ayudará a que, inconscientemente, vayamos acercándonos a nuestras metas y tengamos siempre presente por qué trabajamos, emprendemos y hacemos sacrificios día a día.

 Escucha este episodio de mi pódcast *Invertir Joven* sobre mi visión hacia el 2030.

DISFRUTA EL PROCESO

Todos queremos tener libertad financiera, pero ¿estamos dispuestos a sacrificar entretenimiento por educación?

Todos queremos viajar, pero ¿estamos dispuestos a sacrificar otros gastos?

Todos queremos ese coche de ensueño, pero ¿estamos dispuestos a hacer lo que se requiere para conseguirlo?

Y, por último, todos queremos ser exitosos, pero ¿estamos dispuestos a los sacrificios que eso conlleva?

No nos enfoquemos en los resultados que tiene una persona, enfoquémonos en lo que debió hacer para conseguirlos. Es fácil comparar el resultado y difícil comparar el proceso. Cada quien tiene su momento y todo llega con el tiempo si hicimos los sacrificios adecuados; disfruta tu proceso.

Muchos creen que el éxito es llegar a alguna meta determinada (ser millonario, estar delgado, conocer 50 países, etc.). Entonces, cometen el error de pensar: «Cuando sea millonario, seré exitoso», «Cuando conozca 50 países, seré feliz», «Cuando sea delgado, estaré feliz con mi cuerpo», cuando la verdad es que el éxito o la felicidad no es un destino, es un proceso que todos debemos disfrutar.

La vida está hecha para eso. Tal vez no estamos en el lugar que queremos estar, pero, si estamos más cerca que ayer y disfrutamos el proceso, vamos bien. Lo importante no es la meta que lograremos, sino la persona en la que nos convertiremos en el proceso. Sobre todo, actuemos en función de dónde queremos estar, no según dónde nos encontramos.

EL LEÑADOR

Contaré una historia que me cambió la vida: la historia del leñador. La escuché por primera vez en una conferencia de John Maxwell.

Fuente:
https://cutt.
ly/VtCU7st

Había un leñador en una cabaña que un día despertó y vio un árbol muy grande a las afueras de la misma. Entonces, decidió que debía talarlo. La mañana siguiente, se levantó, vio que dentro de todas sus herramientas había un hacha y decidió utilizarla. Se acercó al árbol que había elegido, le dio cinco golpes y volvió a su cabaña. Al día siguiente, se despertó, volvió a coger su hacha y le dio cinco golpes más y regresó a su cabaña; fue así de manera constante hasta que logró tumbar el árbol, tarea que en un inicio parecía imposible.

Los cinco aprendizajes que extraigo de esta historia son los siguientes:

Definir qué quieres

Lo primero que hizo el leñador fue definir qué es lo que quería lograr (tumbar el árbol). En la vida, podemos tener todo lo que deseemos, pero no podemos tener todo al mismo tiempo. Por ello, es importante haberle dedicado tantas páginas a definir nuestro porqué, pese a que este libro busca explicar cómo manejar nuestro dinero. Para poder manejar

cualquier herramienta de forma eficiente, primero debemos aprender a manejarnos a nosotros mismos.

Elegir la herramienta adecuada

Imaginémonos, por un momento, que el leñador no hubiera elegido un hacha, sino un bate de béisbol. Probablemente, no habría logrado su objetivo. En la vida, debemos tener la mayor cantidad de herramientas posibles y, sobre todo, tener la herramienta correcta.

¿Qué hubiera pasado si no conseguía un hacha? Para ello se requiere la información adecuada, invirtiendo para tomar mejores decisiones.

Ser constante

Si el leñador hubiera definido qué quería hacer (tumbar el árbol) y hubiera optado por la herramienta adecuada para esta tarea (hacha), pero, si en vez de ir todos los días a darle estos golpes al árbol, lo hubiera hecho ocasionalmente, jamás habría conseguido tumbarlo. Imagínense qué habría pasado si un día no hubiera ido porque era el cumpleaños de su madre ,y no hubiera ido un domingo porque tenía que descansar, y lo mismo en un día festivo y en Navidad. Si no generamos el hábito correcto que nos ayude a llegar a nuestra meta y no somos constantes en él, jamás podremos lograr lo que nos proponemos, aunque tengamos clara la meta y la herramienta adecuada.

Enfoque

Si el leñador hubiera decidido qué quería hacer (tumbar el árbol), hubiera optado por la herramienta adecuada para esta tarea (hacha) y hubiera sido constante (golpearlo todos los días), PERO, en vez de golpear el mismo árbol, hubiera

elegido uno diferente cada día porque le parecía más interesante o porque le parecía más atractivo; entonces, no habría logrado nada. Lo más importante es enfocarse en las metas que decidimos. Siempre habrá oportunidades interesantes afuera, pero, si ya tomamos la decisión de cumplir una meta, enfoquémonos en ella.

Determinación

Si el leñador hubiera decidido qué quería hacer (tumbar el árbol), hubiera optado por la herramienta adecuada para esta tarea (hacha), hubiera sido constante (golpearlo todos los días) y se hubiera enfocado en su meta (golpear el mismo árbol), PERO se hubiera detenido al sentirse cansado o frustrado porque el árbol no caía; entonces, nunca lo habría logrado. Debemos seguir nuestras metas hasta conseguirlas.

Imaginémonos por un momento que, cuando recién aprendíamos a caminar, nuestros padres hubieran dicho que no creían que pudiéramos lograrlo por demorarnos unos meses de más. Entonces, nunca habríamos aprendido a caminar; por el contrario, ellos lo que hicieron fue seguir enseñándonos HASTA LOGRARLO. Lo mismo pasa con nuestras metas: si realmente importan, debemos seguirlas HASTA LOGRARLAS.

Lo importante de esta historia es entender que cada día envejecemos, pero ¿todos los días nos hacemos mejores? Recordemos que somos lo que hacemos, tenemos el poder de construir nuestros hábitos y luego estos nos construirán.

Quiero dejar algunas reflexiones:

- Pongámonos a pensar a qué le dedicamos más tiempo en nuestra vida: ¿al crecimiento personal o al entretenimiento? Porque de eso dependerá en quiénes nos convertiremos en los próximos años y qué lograremos.

- Si nuestra respuesta es que no tenemos tiempo para leer, entrenar, meditar ni hacer cosas que realmente queremos, pero sí tenemos tiempo para escuchar música de camino al trabajo, ver televisión, salir de fiesta, etc., entonces debemos replantear nuestras prioridades, nuestras metas y nuestros sueños.

CÓMO INVERTIR EN TI

«Las personas inteligentes aprenden de sus errores; las personas sabias aprenden de los errores de los demás».

Si estamos leyendo este libro es porque consideramos que somos una buena inversión y no solo hemos invertido dinero para comprarlo, sino que invertimos nuestro activo más valioso, nuestro tiempo, en leerlo. Daré algunas ideas mediante las cuales podrás comenzar a invertir en ti.

 **LIBROS**

Es muy importante que la lectura se vuelva un hábito. Esto permitirá que nos inspiremos en nuevas ideas y conozcamos más de los temas que nos apasionan. En mi caso, leo libros de inversiones, emprendimiento, finanzas personales y temas de mi interés. Sugiero leer todo lo que nos apasione. A mí, al inicio, no me gustaba leer, pero luego me di cuenta de que me incomodaba más equivocarme en mis negocios que dejar de aprender por el «sacrificio» de leer 30 páginas al día.

¿Cómo leo 50 libros al año?

- Para empezar, debemos saber que un libro en promedio tiene 210 páginas; entonces, si leemos 30 páginas por día, terminaremos el año habiendo leído entre 40 y 60 libros. Imaginémonos, por un momento, ¿en qué persona nos convertiremos si logramos leer esa cantidad de libros al año?

- Mi técnica es muy simple: leo 30 páginas absolutamente todos los días del año, de inicio a fin; es un hábito muy marcado como lo expliqué al inicio del libro. Lo más importante es reconocer la importancia del aprendizaje.

- Es importante elegir los libros adecuados. Solo leo libros que me recomiendan o escriben personas que admiro, las que están donde yo quisiera estar y ya recorrieron el camino que me gustaría transitar.

- Un «truco» que utilizo es leer dos libros al mismo tiempo: lunes, miércoles, viernes y domingo leo un libro; mientras que martes, jueves y sábado, leo otro. ¿Por qué? Porque en algún momento puedo aburrirme o cansarme, y me gusta saber que al día siguiente aprenderé de otro autor y otro tema.

- Resalto y hago apuntes en todos mis libros. De esta manera, si necesito consultar información del mismo un tiempo después, puedo hacerlo a mi modo.

- Me gusta leer antes de dormir o a la hora de almuerzo, pero sugiero que encontremos las horas adecuadas para que podamos sentirnos cómodos con los 20 o 60 minutos al día que decidiremos dedicarle. Llevo el libro que estoy leyendo a todos lados, ya sea en mi automóvil o en mi mochila. Siempre está conmigo y aprovecho los tiempos de espera que puedo tener en un día para avanzar con esta lectura.

 **CONFERENCIAS**

Debemos rodearnos de personas mejores que nosotros. Invirtamos en conferencias. Si creemos que el conocimiento o energía que tendrá un evento nos sumará, ¡entonces aprovechemos el momento e invirtamos en él!

No existen conferencias demasiado caras para alguien que planifica sus finanzas y sus inversiones, pero sí existen personas muy «baratas» que no están dispuestas a invertir en sí mismas. Si no creen que son una buena inversión, entonces ¿quién los va a considerar una buena inversión?

 ## ASESORÍAS

Consigamos que personas que están donde quisiéramos estar nos enseñen. Hay dos formas de conseguir una asesoría: la primera es pagando por ella; la segunda es agregando el suficiente valor para que la persona que queremos que nos asesore considere importante prestarnos esa clase de atención y tiempo. Recordemos que, si queremos llamar la atención de alguna persona que podría ser nuestro mentor, deberíamos considerar primero cómo podríamos agregarnos valor y por qué ese mentor debería escogernos para dedicarnos su tiempo. Por ejemplo, hace unos años, tuve la oportunidad de que en la empresa donde trabajaba trajeran a Camilo Cruz, autor de varios libros *best-seller* como *La vaca*, como ponente para la conferencia anual, y busqué ser la persona que lo fuera a recoger del aeropuerto y encargarme de la acomodación durante su estancia. Sin embargo, eso no fue todo lo que hice. Antes de que llegara a Lima, donde era la conferencia, leí 7 de sus libros (los que pude conseguir en una feria un par de meses

antes). Además, hice un estudio sobre cómo utilizaba sus redes sociales y, cuando finalmente lo conocí, pude entablar una amplia conversación acerca de sus libros y le di consejos sobre algo que creía que podía interesarle y que yo conocía: las redes sociales. Entonces, fue cuando él accedió, tiempo después, a hacer una entrevista *online* para mi canal de YouTube. Esto es solo un ejemplo para recalcar el punto: antes de pedir a un mentor que nos dé un poco de su tiempo, esforcémonos en brindarle primero algo de valor. Cuando el alumno esté preparado, el mentor llegará. ¿Estás preparado?

¿En qué campos sugiero conseguir mentores/asesores/consejeros?

Sugiero conseguirlos en todos los campos que involucren habilidades específicas, blandas y de dinero. Algunos ejemplos de asesorías son las financieras, las de nutrición, las deportivas, las psicológicas, las de negocios, etc.

 ## EXPERIENCIAS

Muchas personas me preguntan si los viajes son una buena inversión y mi respuesta es sí. No invertiría todo mi dinero de la cuenta de formación (pronto explicaré qué significa) en ellos, pero considero que cualquier experiencia que permita ampliar nuestros horizontes, salir de nuestra zona de confort y conocer nuevas culturas será positiva para nuestras vidas.

CÍRCULO DE INFLUENCIA

«*Eres el promedio de las personas con las que te rodeas*».

- Si las 5 personas con las que pasamos más tiempo son empleadas, seremos la sexta.
- Si las 5 personas con las que pasamos más tiempo son inseguras, seremos la sexta.
- Si las 5 personas con las que pasamos más tiempo son perezosas, seremos la sexta.
- Si las 5 personas con las que pasamos más tiempo son libres financieramente, seremos la sexta.
- Si las 5 personas con las que pasamos más tiempo son empresarias, seremos la sexta.
- Si las 5 personas con las que pasamos más tiempo son millonarias, seremos la sexta.
- Si las 5 personas con las que pasamos más tiempo son felices, seremos felices.

Recordemos siempre que existen personas con las que es bueno pasar unos minutos, otras con las que es bueno pasar unas horas, otras con las que podríamos pasar días y semanas, mientras que existen otras con las que podremos pasar toda una vida. Debemos tener cuidado y elegir a quiénes dejamos entrar a nuestra vida, porque ellos se convertirán en una parte de lo que somos. La forma más simple de lograr nuestras metas es juntándonos con personas que ya lo hayan logrado o tengan una visión similar a la nuestra.

Pregunta típica: no conozco a ningún millonario, ningún empresario, ningún emprendedor... ¿Dónde puedo encontrarlos y cómo los convenzo de que sean mis mejores amigos?

Cuando yo conducía por las mañanas, lo hacía escuchando a Camilo Cruz, almorzaba con John Maxwell y dormía escuchando a Tony Robbins. Todo es una decisión.

Podemos elegir si escuchar música de camino al trabajo oescuchar audios de esta clase de personas.

Podemos elegir si almorzamos viendo televisión o viendo videos de Tony Robbins.

Podemos elegir si dormimos viendo películas o leyendolibros de Camilo Cruz.

Ser mejor es una decisión y está en nuestras manos tomarla día tras día. En estos últimos años, he tenido la oportunidad de conocer a personas que antes solo veía por internet, como Warren Buffett, John Maxwell, Camilo Cruz, Magic Johnson, Juan Diego Gómez, Eric Worre, Yokoi Kenji, Grant Cardone, Eric Thomas, entre otros. Realmente, creo que hoy en día estamos a una decisión de distancia de conocer los pensamientos de las personas que admiramos y que están donde nos gustaría estar. Todas las personas exitosas que he mencionado tienen contenido en YouTube y todas buscan ayudar a los demás. No es necesario conocer a todos nuestros mentores en persona para aprender de ellos, pero sí es importante que mejoremos cada día la calidad de información que permitimos que entre a nuestra vida.

Utilicemos todas las herramientas que tengamos a la mano: libros, audiolibros, *podcasts*, YouTube y más.

YouTube: Cristian Arens   *Instagram: ArensCristian*   *Facebook: Cristian Arens*

LinkedIn: Cristian Arens   *TikTok: ArensCristian*   *Spotify: Invertir Joven*

¡Decide ser mejor!

TODO LLEGA EN SU MOMENTO; NO TE DESESPERES

Si en algún momento sentimos que es muy tarde para empezar, pido que recordemos algunos datos para que reparemos en que nunca es muy pronto ni tampoco muy tarde para empezar a ser la persona que queremos ser ni para lograr nuestros sueños.

- Mark Zuckerberg fundó Facebook a los 19 años.
- J. K. Rowling (autora de *Harry Potter*) estaba quebrada a los 23 años.
- Oprah acababa de ser despedida como reportera a los 23 años.
- Walt Disney fue declarado en bancarrota a los 23 años.
- Bill Gates se volvió billonario a los 31 años.

- Jan Koum fundó WhatsApp a los 35 años.
- J. K. Rowling se volvió billonaria a los 38 años.
- Ray Kroc empezó McDonald's a los 52 años.
- John Pemberton fundó Coca-Cola a los 55 años.
- Warren Buffett se volvió billonario a los 56 años.
- Harland Sanders fundó KFC a los 65 años.

Hay una frase que se repite muchas veces en mi cabeza cada vez que intento comparar mis resultados con los de mi entorno o los de personas mediáticas y es la siguiente: «No importan nuestras condiciones, sino nuestras decisiones». Las decisiones que tomemos son las que determinarán la persona en que nos convertiremos y nuestro futuro. Si queremos cambiar algo en nuestra vida, el primer paso es aceptar la responsabilidad y después tomar acción sobre esa realidad.

¿Este no era un libro acerca del dinero?

Sí, en este libro todo lo que continúa será acerca del dinero y formas específicas de cómo manejarlo para que trabaje por nosotros. Pero debemos entender que, para controlar cualquier herramienta, primero debemos controlarnos nosotros mismos, manejar nuestros pensamientos y la forma como percibimos el dinero. De lo contrario, nada de lo que explique a continuación será de ayuda. Recordemos, todo puede cambiar si cambiamos primero.

PASO 2
CONOCER Y ENTENDER
EN QUÉ INVERTIR

nformación sin acción es alucinación. Si queremos que la información que venimos dando tenga algún resultado en nuestra vida, debemos comenzar a actuar ya mismo.

AHORRA

Para comenzar a invertir, debemos manejar nuestro dinero y hacer que este trabaje por nosotros. La clave para generar riqueza es simple: debemos tener excedentes, ganar más de lo que gastamos y ahorrar. A continuación, daré algunos consejos que me sirvieron para acortar mi camino de aprendizaje:

Debemos invertir en un contable o asesor fiscal para nuestros impuestos.

Los impuestos son la forma como los Gobiernos generan ingresos y sirve para que cualquier país pueda crear obras, trabajo público y dar condiciones adecuadas de vida para la población. Sin embargo, muchas personas solo se resignan a pagar lo que su Gobierno les asigne sin siquiera aprender al respecto o tomar alguna acción.

El sistema está hecho para que todos tributen. No obstante, no les cobra a todos por igual. Mientras que muchos pueden pensar que los ricos son los que pagan mayor cantidad de tributos, la mayoría de los sistemas tributarios están diseñados para que las personas de menores recursos sean las que paguen más cantidades de impuestos (proporcionalmente) a los ingresos de las personas ricas. Esto es debido a que la mayoría de los sistemas tiene formas de pagar menos impuestos; sin embargo, la información o falta de información en estos casos puede hacer que ganemos o perdamos dinero.

En la mayoría de los países, hay dos impuestos que siempre deberás pagar:

- IVA (impuesto al valor añadido): rige para todos los productos y servicios que se ofrezcan en un país.

- Impuesto a las rentas este impuesto aplica para todos los que generen beneficios, ya sea como personas físicas (IRPF) o jurídicas (IS) como empresas.

Ambos impuestos suelen manejarse por las empresas mediante gastos y compras; sin embargo, la mayoría de las personas carece de la información o medios para reducir el pago de sus impuestos mediante sus gastos. Una de las mejores inversiones que podemos hacer si nos interesa el dinero es, primero, comenzar a aprender de contabilidad si no tenemos el dinero suficiente para contratar un contable . Esa debería ser una de nuestras primeras grandes inversiones. La contabilidad, por más que a algunos pueda parecerle aburrida, es el idioma de los negocios y quien no lo entienda no conocerá su negocio ni podrá comunicarlo adecuadamente.

He visto situaciones en las que invertir en un contable es literalmente la mejor inversión que podemos hacer; por una inversión de 100 €, he visto personas que generan 2.000 € extra al mes. Es muy importante que nos tomemos en serio la contabilidad de nuestro negocio con un especialista, o aun si no tenemos un negocio, pero contamos con un ingreso medio. Consulta con un contable, el cual probablemente te costará poco y te ayudará mucho.

PENSIONES

Todos los países tienen un sistema de pensiones, al cual, mediante distintas formas, aportamos desde el inicio de nuestra vida laboral para que, al cabo de unas décadas de aportaciones e inversiones manejadas por este sistema, podamos retirarnos y comenzar a disfrutar de nuestra vida. O ¿tal vez no?

Cuando se crearon los programas de pensiones, el estimado promedio de vida de las personas era de alrededor de 70 años, razón por la cual comenzaban a aportar a los 20, terminaban de aportar a los 60 y vivían de lo que ya habían trabajado (40 años de aportes y 10 de vivir de ellos). Suena lógico, ¿cierto?

Sin embargo, hoy en día la expectativa de vida promedio es de 85 años en algunos países, y estamos empezando en el mundo laboral muchas veces al mismo tiempo que los estudios superiores, las maestrías, los doctorados y demás.

Entonces, si empezamos a los 25, terminamos a los 65 y vivimos hasta los 85.

Hemos pasado de vivir de nuestros aportes por 10 años a vivir de nuestros aportes por 20 años.

Es decir, hemos pasado de un ratio de 4:1 (40 años trabajando para 10 de aportes) a un ratio de 2:1 (40 años trabajando para 20 de aportes), por lo cual el sistema ha comenzado a colapsar y, a menos que podamos optimizarlo y hacer que realmente trabaje para nosotros, no es sensato confiar en él para nuestro retiro.

Desde mi punto de vista, la estrategia más importante para tener un buen retiro es no depender de nuestra cuenta de jubilación, sino de las inversiones y los negocios que comenzaremos a construir durante nuestra vida.

Si planeamos vivir de nuestra cuenta de jubilación o queremos optimizarla, debemos saber que lo más importante no es la rentabilidad que genera el fondo en el que estamos, sino la rentabilidad neta que le genera al inversionista. Muchas veces las comisiones están ocultas. Siempre debemos consultar cuáles son las comisiones y los gastos de cada fondo antes de elegir en cuál estar. Ese es el factor clave para optimizarla.

~~~~~~~~~~~~~~~~~~~~~~~~~~~~~~~~~~~~~

Inflación = muerte silenciosa.
«El dinero estancado apesta».

~~~~~~~~~~~~~~~~~~~~~~~~~~~~~~~~~~~~~

Esta es una frase que escuché una sola vez en mi vida y me bastó para comprenderla: por más dinero que guarde, jamás me alcanzará para vivir la vida que quiero. Lo que debemos hacer es que nuestro dinero comience a trabajar para nosotros. Calculemos con una inflación promedio del 2 % al año. Es decir, el valor del dinero en el tiempo va disminuyendo. Hace 100 años, con el equivalente a 100 € podías comprarte un coche; sin embargo, hoy con 100 € no podemos ni cambiarle las ruedas

PRESUPUESTO MENSUAL

¿Sabes en qué gastas todo tu dinero?

Toda empresa grande tiene un presupuesto anual que se va revisando de manera mensual o trimestral; si una empresa grande lo tiene, ¿por qué nosotros no?

Recordemos que como eres en lo pequeño serás en lo grande. Debemos comenzar como grandes y terminaremos siéndolo. Armemos un presupuesto de todos los gastos en los que incurrimos al mes y categoricémoslos. Sin embargo, debemos saber que lo más importante de un presupuesto es darle seguimiento y cumplirlo; debemos tener la disciplina suficiente para mantenerlo.

POSPÓN TUS GASTOS

¿Alguna vez hemos comprado algo que no necesitábamos? ¿Alguna vez hemos comprado algo y ha resultado que nunca lo usamos?

Este es el consejo que más dinero me ha ahorrado desde que lo comencé a aplicar. Cada vez que queramos comprar algo por encima de 50 € (por ejemplo), apuntémoslo, pero no lo compremos en ese momento. Decidámoslo siete días después; luego de que pase este tiempo, decidamos si lo compraremos o no. Si la respuesta es sí, comprémoslo. Pero si la respuesta es no, volvamos a posponerlo una semana. Nos daremos cuenta muy rápido de que hay demasiadas cosas que realmente no necesitamos y, así, nuestras prioridades irán cambiando.

Por ejemplo: quería comprar un *smartwatch* desde inicios de 2018. Sin embargo, fui posponiendo su adquisición por diferentes motivos, ya que tenía otras prioridades en mi vida cada semana o mes. Hasta que decidí que le daría un mejor uso a ese dinero invirtiéndolo en otro lugar. Creo realmente que, si lo hubiera comprado, no lo hubiera aprovechado, dado que los motivos de mi compra eran más emocionales que racionales.

AHORRA TUS BILLETES O MONEDAS

Una forma muy simple de comenzar a ahorrar y enseñar a los pequeños de la casa a que también lo hagan es eligiendo una denominación de billete o moneda ¡¡que será su moneda o billete del **ahorro**!! Será una denominación que, no importa qué suceda, cada vez que la tengan ustedes tendrán que guardarla en una hucha. En mi caso, es una moneda de 1 €; cada vez que está en mis manos, la guardo y almaceno en una hucha para romperla después de un año y hacer algo interesante con ese dinero. Hasta el momento, en mi mejor año, he llegado a los 500 € en esta hucha. Esto no te volverá millonario probablemente, pero sí te generará un hábito y podrás hacer algo interesante con ese dinero «extra» a fin de cada año. Si tienen hijos, imaginen qué bueno sería generar el hábito del ahorro en ellos desde esa edad. Esta puede ser una herramienta muy potente si la trabajan con un propósito claro. Por ejemplo: si sus hijos quieren realmente comprarse un juego, pueden generar este hábito del ahorro con pequeñas recompensas que vayan sumando a la hucha para que después de un tiempo sientan que han logrado su primer objetivo gracias al ahorro.

PÁGATE A TI MISMO PRIMERO

¿Qué significa?

Esta frase es muy utilizada en finanzas personales alrededor del mundo. Hoy la explicaré en términos simples. Si ganamos 1.000 € por mes y, apenas recibimos el salario, lo repartimos entre alquiler, pago de luz, agua, teléfono móvil, tarjeta de crédito y otros gastos, significa que estamos pagándoles a todos antes que a nosotros. Lo que debemos hacer es que, si recibimos 1.000 € por mes, PRIMERO debemos dedicar dinero al ahorro, a la inversión, a la familia, y LUEGO a nuestros gastos. Para realizar esto, DEBEMOS manejar un presupuesto mensual y dividir nuestras cuentas de tal manera que podamos manejar nuestro ahorro y nuestra inversión para que estos crezcan. A continuación, detallaré el paso a paso de esta acción.

¿Cómo pagarte a ti mismo primero?

Debemos dividir nuestras cuentas sí o sí. No importa cuánto dinero ganemos. Si queremos generar abundancia, debemos hacerlo.

Realmente, nunca ha importado cuánto dinero seamos capaces de ganar, sino cuánto dinero seamos capaces de conservar.

Si ganamos 1.000 € al mes y pensamos que es muy poco y que por eso no ahorramos, estamos equivocados. No ahorramos porque no tenemos el hábito de hacerlo, porque no hemos tomado la decisión y porque es más fácil seguir con nuestro patrón de dinero (mentalidad de pobre = gasta todo lo que ganas).

Si hoy ganamos 1.000 € al mes y comenzamos a dividir nuestras cuentas, entonces, cuando generemos 10.000 € o 100.000 € al mes o más, nos será más fácil mantener el hábito. Si en este momento ya estamos ganando esas cantidades y queremos cambiar el patrón del dinero que manejamos, podemos hacerlo; estamos a una decisión de distancia.

Cada persona es diferente; por ello, deberá asignar categorías distintas según sus necesidades y también ir modificando los porcentajes de acuerdo con lo que busca (podemos empezar desde el 1 % si deseamos, pero lo más importante es empezar). Primero hablaremos de las categorías que yo utilizo y explicaré un poco de cada una:

AHORRO E INVERSIÓN

Este es el dinero que utilizaré para invertir en cualquier negocio, acción, inmuebles o similar que me genere flujo de efectivo o ganancia de capital en un futuro. Es decir, la finalidad de esta cuenta es generar más dinero.

EDUCACIÓN

Esta es la cuenta en la que pongo dinero para mi formación , es lo que destino para invertir en mi mejor activo (yo mismo). Aquí puedo invertir en conferencias, libros, capacitaciones, audiolibros, asesorías, viajes para conferencias o alguna experiencia que sé que en un futuro generará aprendizajes para mí. Si tienes hijos, puedes crear una cuenta separada para su educación, pero recuerda: esta es para ti, no es excusa para no invertir en ti.

SUEÑOS

Esta es la cuenta más importante para mí, la cuenta que te permite soñar y realizar cosas extraordinarias. Por ejemplo, un sueño para mí era seguir a mi país (Perú) en la Copa América de Brasil 2019. Entonces, fui juntando en esta cuenta el dinero para realizarlo. Puede ser nuestro coche soñado, una experiencia, un reloj o lo que deseemos. Pero démonos el gusto de soñar; todos tenemos el derecho y la obligación de cumplir nuestros sueños.

FAMILIA

Es importante tener una cuenta para los gastos familiares, sea que vivamos con nuestros padres, que tengamos hijos o ambos. Siempre existirán gastos relacionados y es muy importante tener una cuenta para que podamos invertir en ellos.

SALUD

No importa si eres muy joven o viejo, un seguro de salud siempre es algo importante. Esta cuenta puede servir para imprevistos en nuestra salud, para pagar las cuotas de nuestro seguro o para algo relacionado. Es mejor prevenir que curar. También podemos utilizar esta cuenta para nuestra cuota de gimnasio, vitaminas, complementos alimenticios, etc.

DONACIÓN

Esta cuenta la utilizo para personas que no son de mi familia, para darles algo a personas que puedan necesitarlo. Puede ser una donación a nuestra iglesia o alguna causa que podamos promover. Por ejemplo, yo utilicé esto para comprarles cestas navideñas a personas que las necesitaban.

GASTOS CORRIENTES

Estos son los gastos que tenemos de manera recurrente, como los gastos por diversión, comidas, agua, luz, celular, gasolina, mantenimiento de nuestro vehículo, etc. Es importante que seas creativo y busques reducir el porcentaje que esta categoría representa respecto a tus ingresos.

¿Cómo lograrlo? Solo hay dos caminos: el primero es reduciendo nuestros gastos y el segundo es aumentando nuestros ingresos sin subir nuestros gastos.

GASTOS A LARGO PLAZO

Cuando queramos hacer una compra grande, la definición de «grande» dependerá de nuestro presupuesto, pero podría ser un nuevo teléfono móvil, un nuevo laptop, un nuevo televisor, una nueva cámara, un nuevo vehículo. Es importante no utilizar el crédito de manera negativa. Entonces, sugicro juntar la mayor cantidad de dinero para realizar esa compra cuando contemos con el dinero sin pagar intereses o reducirlos al mínimo posible.

Ejemplo

Ejemplo de división de cuentas: ingreso de 1.000 € al mes.

Gastos	44 %	= 440 €
Ahorro e inversión	20 %	= 200 €
Educación	10 %	= 100 €
Sueños	10 %	= 100 €
Familia	5 %	= 50 €
Salud	5 %	= 50 €
Gastos a largo plazo	5 %	= 50 €
Donación	1 %	= 10 €

Si aplicamos esto durante un año, tenemos:

Gastos	44 % x 12	= 5.280 €
Ahorro e inversión	20 % x 12	= 2.400 €
Educación	10 % x 12	= 1.200 €
Sueños	10 % x 12	= 1.200 €
Familia	5 % x 12	= 600 €
Salud	5 % x 12	= 600 €
Gastos a largo plazo	5 % x 12	= 600 €
Donación	1 % x 12	= 120 €

Es importante recalcar que estos porcentajes son solo un ejemplo y debemos asignarlos según nuestras necesidades.

Lo más importante es que realicemos nuestra propia división de categorías para empezar y luego nuestra división de porcentajes. Si decidimos empezar con el 90 % de gastos corrientes y dividir nuestro otro 10 % en las demás cuentas, ¡no hay ningún problema!

Todo inicio es bueno; la idea es que podamos comenzar a crear el hábito para que, poco a poco, vayamos mejorándolo.

Recordemos que todas las categorías y los porcentajes son referenciales para que podamos empezar a tomar acción y entender el método de pagarnos primero = dividir nuestro dinero y, luego, gastarlo.

Si creemos que empezaremos después porque, en este momento, tenemos muchos gastos o, peor aún, estamos endeudados, los invito a pensar primero en por qué nos endeudamos o por qué tenemos esa cantidad de gastos (probablemente sea porque no nos pagamos a nosotros mismos primero). Si consideramos crítica nuestra situación, empecemos separando el 1 % para ahorro y el 99 % para gastos, pero hagámoslo sin excepción.

 Haz este ejercicio tú mismo con la plantilla «Págate a ti mismo primero» disponible en nuestro grupo de Facebook CIRCUM.

¿Por qué pagarte a ti mismo primero?

Como eres en lo pequeño serás en lo grande. Siempre recordemos que, si tenemos una mentalidad como la gran mayoría de las personas, entonces tenemos una mentalidad consumista; esto significa que cada vez que recibimos dinero pensamos consciente o inconscientemente:

«¿Cómo gastaré mi dinero?». Esto es lo que la sociedad busca. Pero, si logramos dividir nuestras cuentas y pagarnos primero, ¡tendremos opciones! Ahora nuestra mente podrá comenzar a pensar lo siguiente:

¿Cómo invertir mi dinero?
¿Qué libros compraré?
¿A qué formación iré?
¿Qué sueño cumpliré?
¿Cómo invertiré en mi salud?
¿Qué le daré a mi familia?
¿En qué utilizaré el dinero de donación?

Esa pequeña diferencia en un inicio nos llevará muy lejos si la sostenemos durante un tiempo, porque, recordemos, así como es importante utilizar el interés compuesto para nuestras inversiones, los hábitos también tienen una fuerza de interés compuesto cuando se mantienen en nosotros. Ser ordenado financieramente es un gran hábito que creo que todos deberíamos cultivar. Es importante mencionar que debemos actualizar las categorías y los porcentajes por lo menos una vez al año para asegurarnos de que estén alineados con nuestras metas.

Esta parte de pagarte a ti mismo primero, probablemente, sea la parte más importante del libro hasta ahora y sea vital para que podamos utilizar las herramientas que te daré a continuación. Siéntete en la libertad de volver a leerla hasta que comprendas e interiorices el conocimiento.

INTELIGENCIA FINANCIERA AL MÁXIMO

Todas las personas que nos hemos educado en una escuela normal o universidad regular hemos sido partícipes de un sistema educativo, un sistema creado hace muchas décadas en una realidad distinta a la actual, una época industrial en la que no se necesitaban personas que cuestionaran, sino personas que siguieran órdenes. Había una gran demanda laboral de obreros y trabajadores que siguieran instrucciones durante años. Ellos serían remunerados correctamente, se quedarían en una misma empresa hasta su jubilación («empleo seguro») y tendrían un plan de jubilación apropiado. Sin embargo, ya no estamos en la época industrial, sino en la era de la información, en la cual solo seguir órdenes no nos bastará para conservar un empleo digno. Ya ha desaparecido casi por completo la idea de un «empleo seguro», en el cual nos quedaremos por décadas y tendremos una jubilación adecuada. No obstante, el sistema educativo, en la mayoría

de las instituciones y los países, no ha variado. Es el mismo: nos educa para seguir las normas sin cuestionar y castiga nuestros fracasos, cuando en realidad lo que debería hacer es premiarlos, ya que traen consigo los mejores aprendizajes.

Además, en el mejor de los casos, nos enseñan cómo hacer dinero al cambiar nuestro tiempo por este (ser un buen abogado, doctor, economista, contable, etc.). Sin embargo, no hay clases del manejo de finanzas personales, manejo de tarjetas de crédito, manejo de créditos hipotecarios, división de cuentas o creación de *startups*. Esta educación acerca del dinero sigue siendo un tema tabú en colegios, universidades y hasta en algunas familias. Es por eso que el nivel de inteligencia financiera de la mayoría de las personas es muy bajo, y estas siguen trabajando por dinero en vez de hacer que su dinero trabaje por ellas. Todo esto porque es para lo que han sido entrenadas y lo que la sociedad espera de ellas.

En este libro, quiero mostrarte que existen otros caminos, que **podemos tener la vida que siempre soñamos**; que debemos comenzar a pensar diferente respecto al dinero: muchas veces importa más cómo ganamos nuestro dinero que cuánto dinero ganamos. Pongámonos a pensar: ¿creemos que es lo mismo recibir 5.000 € al mes de ganancia por un alquiler, que recibir 8.000 € de sueldo como abogado en una reconocida firma? Podemos tener ambos ingresos al mismo tiempo si lo deseamos, pero lo importante no es qué hacemos para ganar dinero, sino que podamos tener la opción de escoger qué hacer con nuestro tiempo y nuestro dinero.

¿Qué es la inteligencia financiera?

El coeficiente intelectual de una persona se determina por las habilidades que posee para resolver problemas de razonamiento matemático, verbal y demás en un determinado tiempo. La inteligencia financiera, por su parte, es la habilidad que tiene una persona para resolver problemas respecto al dinero. Pueden ser problemas, por

ejemplo, con tarjetas de crédito, créditos hipotecarios, créditos en general con los bancos, inversiones bursátiles, inversión en bienes inmobiliarios, inversión en *startups y* manejo del dinero en general.

¿Por qué debería elevar mi nivel de inteligencia financiera?

No importa cuánto dinero ganemos; si no tenemos un nivel elevado de inteligencia financiera, perder nuestro dinero será siempre una alternativa latente. En una conferencia, me preguntaron: «¿Puede un millonario tener un nivel de inteligencia financiera bajo?». Mi respuesta fue un rotundo SÍ. ¿Acaso no hemos escuchado las historias de los deportistas de alto rendimiento que perdieron sus fortunas una vez que dejaron la actividad profesional? Eso ocurrió porque su nivel de ingresos superó su nivel de inteligencia financiera, entonces sus ingresos volvicron a donde su nivel de inteligencia financiera estaba.

Un emprendedor que llegue al estatus de millonario también puede tener un nivel bajo de inteligencia financiera, porque ha aprendido las habilidades requeridas para ganar esa cantidad de dinero; sin embargo, no necesariamente ha aprendido las habilidades requeridas para conservarlo y hacerlo crecer. ¿Qué quiero decir? Que, si no incrementa su nivel de inteligencia financiera, siempre tendrá al dinero como amo, porque no podrá dejar de trabajar por el dinero, ya que sus gastos lo consumirían o sus ingresos caerían en la misma proporción que el tiempo que les dedica.

Recuerda: «El dinero es un excelente esclavo, pero un pésimo amo».

¿Cómo puedo elevar mi nivel de inteligencia financiera?

El hecho de que estés leyendo este libro es un gran primer paso, porque brinda todas las herramientas que necesitas para llegar a un nuevo nivel. Siempre dicen que la información es poder. Sin embargo, hay un error de precisión en esa frase. La información APLICADA es poder. De nada sirve la información si no la compartes y aplicas.

El conocimiento es poder

Jack Ma, fundador de Alibaba Group, dijo hace unos años: «Si usted pone plátanos y dinero en frente de los monos, ellos elegirán plátanos, porque los monos no saben que con el dinero pueden comprar muchos plátanos. Si usted ofrece trabajos y negocios a las personas, estas tomarán los trabajos, porque la mayoría de las personas no sabe que un negocio trae más beneficios y dinero que un salario». Con esto no quiero decir que trabajar para alguien esté mal, pero, si pretendemos generar riqueza en el tiempo, debemos comenzar a emprender o invertir; esa es la mejor forma como podremos lograr libertad financiera.

Mi experiencia

Después de muchos años en el colegio y la universidad, donde nos enseñan a cambiar nuestro tiempo por dinero, pensé que con eso bastaría para lograr mis metas. Sin embargo, después de estudiar a las personas más ricas del mundo, me di cuenta de que existen dos grandes habilidades para generar dinero:

- Cambiar nuestro tiempo por dinero.
- La habilidad de hacer que nuestro dinero genere más dinero.

También me di cuenta de que las personas más ricas del mundo no eran los trabajadores de las empresas, sino los dueños de empresas e inversionistas. Y que, si quería tener abundancia, debía aprender a hacer que mi dinero trabajara por mí.

En la siguiente parte, explicaré un sistema para que podamos hacer que nuestro dinero trabaje por nosotros de manera inteligente y potente.

Interés compuesto: ¿cómo ser millonario con 100 €?

El interés compuesto es catalogado por Warren Buffett como una de las maravillas del mundo y uno de los responsables de su éxito en las inversiones.

Me gusta definir interés compuesto como la habilidad para reinvertir las ganancias de nuestras inversiones y generar ganancias sobre ellas.

Por ejemplo:

- Primer año, invertimos 100 € a una tasa del 6 %.
- Segundo año, tendremos 106€, si reinvertimos todo a una tasa del 6 %.

- Tercer año, tendremos 112.36€ (0.36€ es la ganancia por utilizar interés compuesto).

¿Queremos ser millonarios?

Edad	Ahorro	6 %	10 %	15 %
20	€	€	€	€
21	1.200	1.200	1.200	1.200
30	12.000	15.800	19.000	24.000
40	12.000	28.000	50.000	98.000
50	12.000	50.000	128.000	400.000
60	12.000	90.000	335.000	1.600.000

Con este cuadro, te enseñaré cómo ser millonario mediante un ejercicio supersimple. Si eres muy afortunado y lees este libro joven, podremos aplicar esta tabla sin ninguna modificación. Si, por el contrario, lees esto luego, tendremos que esforzarnos un poco más, pero igual funcionará.

Si decidimos aplicar las enseñanzas y las herramientas enseñadas a lo largo de este libro, nos será muy fácil comenzar a separar 100 € al mes para nuestro retiro. La estrategia será llegar a los 21 años con 1.200 €, a los 22 años con 2.400 € y así... hasta llegar a los 30 años con la suma de 12.000 € y DEJAR DE APORTAR. Si logramos juntar esa cantidad de dinero y nunca la invertimos ni utilizamos, llegaremos a los 60 años con 12.000 €.

Sin embargo, si es que decidimos invertirla a una tasa del 6 % anual, lo podemos conseguir en algunos bancos mediante depósitos a plazo, bonos o herramientas conservadoras de bajo riesgo, podremos llegar a tener 15 800 € a los 30 años y DEJAR DE APORTAR. Después de eso, seguiremos invirtiendo nuestro dinero en estas herramientas sin hacer un nuevo aporte: a los 40 años, ya tendremos 28.000 €; a los 50 años, 50.000 €, y a los 60 años nos retiraremos con 90.000 €.

Ahora, supongamos que decidimos prestar mucha atención a las enseñanzas de este libro y conseguimos crear un portafolio equilibrado de inversiones con un rendimiento promedio anual del 10 %. Entonces, podremos llegar a tener 19.000 € al cumplir los 30 años y DEJAR DE APORTAR. Después de esto, seguiremos invirtiendo nuestro dinero con rendimientos similares (10 %); por lo cual, al cumplir 40 años, tendremos 50.000 €; una década después, al cumplir 50 años, tendremos 128.000 €, y, finalmente, nos retiraremos a los 60 con 335.000 €. Cifra nada despreciable para haber aportado solo 100 € al mes durante 10 años.

Último caso: imaginemos que no solo hemos leído y aplicado los conocimientos de este libro, sino que hemos ido un paso más allá y nos hemos vuelto grandes inversionistas, que logran rendimientos promedio del 15 % al año. Después de aportar durante 10 años, terminaremos nuestros 30 años con 24.000 € (el doble de lo que realmente habríamos aportado si solo ahorráramos y no invirtiéramos).

Cuando cumplamos 40 años, tendremos 98.000 €; después, a los 50 años, ese dinero se habrá transformado y sumará 400.000 €. Finalmente, nos retiraremos a los 60 años con más de 1.600.000 € tras solo haber aportado durante 10 años. Todo esto gracias a nuestra habilidad de hacer que nuestro dinero genere más dinero y hacer que trabaje por nosotros.

Moraleja:
Si queremos ser millonarios
no basta con saber hacer dinero (tiempo
por dinero), ¡sino que debemos saber cómo
hacer que nuestro dinero genere más dinero!

 Puedes encontrar más información sobre esto en el primer video que publiqué en YouTube, sobre cómo ser millonario.

HACKEAR AL SISTEMA FINANCIERO

Muchos de nosotros nos hemos quejado en algún momento de los bancos, los impuestos, los fondos de pensiones y las jubilaciones. Pero ¿alguna vez nos hemos preocupado por tener la información adecuada respecto a estos puntos? ¿Qué pasaría si les digo que existen productos financieros que pueden utilizar sin pagar absolutamente nada y que les brindan muchos beneficios? Existen maneras en cada país de hacer que los bancos les den dinero «gratis» y volverlos nuestros mejores aliados en vez de nuestros peores enemigos, como lo son para muchos. No quiero volver este un libro muy largo ni tedioso con este contenido avanzado. Podrán encontrar más ejemplos en mi canal de YouTube acerca de cómo vencer al sistema financiero, pero en este libro les pondré el principal ejemplo, amado por pocos, odiado por muchos: las tarjetas de crédito.

Ejemplo: tarjetas de crédito

Este es solo un ejemplo de todo lo que podemos lograr con la información adecuada. Muchos de nosotros hemos crecido con el pensamiento de pagar nuestras deudas y de ser posible nunca tener una, porque era una carga y nuestros familiares nos han contado las historias de cómo los bancos le habían quitado todo a algún conocido. Sin embargo, con el paso de los años, me di cuenta de que esta era una afirmación totalmente sesgada. Las tarjetas de crédito son una útil herramienta.

Si le damos un cuchillo a un niño de 5 años, es probable que ocurra un accidente. Por el contrario, si se lo damos a un chef profesional, es probable que haga platos deliciosos.

Lo mismo sucede con las deudas con tarjetas de crédito. Si le damos una tarjeta de crédito a una persona con poca inteligencia financiera, es probable que termine endeudada y perdiéndolo todo. Por el contrario, si le das una tarjeta de crédito a una persona con un alto nivel de inteligencia financiera, es probable que termine viajando por el mundo gratis (vuelos, hoteles, transporte) y frecuentando salones VIP.

¿Por qué sucede esto?

Porque las tarjetas de crédito, dependiendo del país donde nos encontremos, tienen distintos y muy buenos beneficios, desde acumulación de puntos hasta devoluciones de dinero. Lo único que tenemos que hacer es conocer los beneficios, comenzar a crear historial crediticio y utilizarlos.

¿Por qué es bueno utilizar tarjetas de crédito?

Quiero que por un momento te pongas a pensar en la historia de Pablo, Román y Cristóbal.

- Cristóbal era un médico con muchos ahorros y un nivel elevado de inteligencia financiera.
- Pablo era un emprendedor que conocía a Cristóbal hace 20 años.
- Román era un emprendedor que conocía a Cristóbal hace 20 años.

Un día, Pablo necesitó 1.000 € y decidió pedir un préstamo con intereses a su amigo Cristóbal. Él accedió y le dio 1.000 €. Después del tiempo acordado, Pablo le devolvió el préstamo de 1.000 € más intereses.

Unos meses después, Pablo necesitó 10.000 € y decidió volver a pedirle prestado a Cristóbal. Él accedió y le dio los 10.000 €. Después del tiempo acordado, Pablo le devolvió el préstamo de 10.000 € más intereses.

Un par de años desde el primer préstamo, ¡ocurrió algo extraño! En la puerta de Cristóbal, estaba Pablo pidiéndole un préstamo por 100.000 €, pero no estaba solo. Román, quien nunca le había pedido dinero prestado, también estaba pidiéndole 100 000 € en el mismo momento y para la misma inversión. ¿A quién creen que Cristóbal prefirió prestar el dinero?

Así es, se decidió por Pablo, porque ya tenía experiencia prestándole a él y sabía que cumplía siempre con pagar sus deudas.

Lo mismo sucede con los bancos: prefieren prestarles dinero a las personas que ya tienen experiencia positiva con ellos. A esto se le llama historial crediticio y es lo que permite que un banco nos preste o no dinero. Este historial se construye de distintas maneras, como pagar nuestras cuentas a tiempo, no tener deudas retrasadas, entre otras.

Las tarjetas de crédito son probablemente el mejor instrumento para empezar a tener historial crediticio, porque nos permiten obtener préstamos sin pagar intereses. ¿Cómo? Pagando antes de la fecha de corte. Una estrategia con la cual comencé a aprender a utilizar las tarjetas de crédito fue pagar apenas realizaba cada consumo para de esa manera obtener los beneficios y no tener que pagar ningún interés ni seguro de impago (esto puede cambiar según las políticas de cada banco), pero en teoría ningún banco debería cobrar el seguro de impago si es que no tenemos deuda alguna, dado que este seguro es de cobertura total de nuestra deuda en caso de fallecimiento o invalidez permanente.

Resumiré algunas ventajas de tener tarjetas de crédito:

HISTORIAL CREDITICIO

Como lo comenté líneas más arriba, es muy importante que los bancos comiencen a confiar en nosotros para que luego podamos construir con ellos otros préstamos más grandes, como préstamos hipotecarios, en los cuales el banco permite pedir prestadas cantidades altas de dinero para comprar un inmueble; de esta manera, y con inteligencia financiera, podemos generar ingresos con el dinero del banco.

LOS INCENTIVOS (PUNTOS Y VIAJES)

No necesitan que paguemos intereses, lo único que piden es que hagas el consumo con la tarjeta de crédito, por lo cual podremos juntar la cantidad de puntos que queramos, siempre y cuando paguemos antes de la fecha de corte. Cada banco tiene siempre las tarjetas con recompensa de alguna aerolínea o del mismo banco, que permiten acumular puntos para luego canjearlos por viajes, estancia y muchos más premios.

DEVOLUCIÓN DE DINERO

¿Se imaginan comprar algo por 1.000 € y que te devuelvan 50 €? Bueno, eso es una realidad para muchos. Si compráramos lo mismo con tarjetas de débito, no nos darían ni las gracias; en cambio, si tenemos una tarjeta de crédito *cashback*, podemos obtener devoluciones desde el 1 % hasta el 5 % en algunos casos.

SEGURO DE COMPRAS

A partir de cierta categoría (depende del país), podremos acceder a un seguro automático donde se nos devuelva el dinero en caso de que cualquier compra que realicemos con nuestra tarjeta se encuentre con un mejor precio en otro establecimiento, o si sucede un robo o falsificación de identidad. Todo esto debemos consultarlo con nuestro banco en el país en que nos encontremos.

SALONES VIP

Desde cierta categoría, podremos tener acceso preferencial o gratuito a los salones VIP alrededor del mundo en los aeropuertos, simplemente por tener un nivel de compra determinado o según la meta que cada banco ponga en las distintas categorías de la tarjeta.

TIEMPO

Es un ahorro grande de tiempo, pues tendremos la posibilidad de hacer compras *online* o compras presenciales sin efectivo.

LIQUIDEZ INMEDIATA

Si por algún motivo no contamos con el dinero en ese momento, podremos utilizar la tarjeta de crédito (ya sea para urgencias o excepciones, es válido mencionar esto).

TRANSPORTE GRATUITO

En algunos casos, las tarjetas nos brindan servicios de transporte desde el aeropuerto hasta nuestro hotel simplemente por tener una buena categoría con ellos. ¿Se imaginan poder tener no solo los *tickets* de avión gratis, sino también los transportes? Empecemos a aprovechar esta información.

DESCUENTOS

Las tarjetas suelen tener distintos descuentos en establecimientos alrededor de nuestra ciudad, país y, en algunos casos, del mundo. Es solo cuestión de que preguntes por ellos.

Pero espera: ¿qué ganan los bancos con las tarjetas de crédito entonces? Los bancos generan ganancias principalmente de dos maneras:

COSTO POR TRANSACCIÓN

Cada vez que utilizamos nuestra tarjeta de crédito para pagar en algún establecimiento, el banco gana un porcentaje pequeño de la transacción, que se lo cobran al establecimiento a través de sus socios estratégicos (VISA, por ejemplo).

INTERESES

Pese a toda la información que te he contado en este libro, es importante saber que no todos aplican ese conocimiento y terminan endeudados pagando los intereses de las tarjetas de crédito. Allí se encuentra la mayor ganancia de los bancos. Por eso **debemos decidir si trabajaremos para el sistema o haremos que el sistema trabaje para nosotros.**

DISPONER DE EFECTIVO

Debemos saber que la disposición de efectivo mediante tarjetas de crédito no está bien vista en la mayoría de los lugares y es gravada con comisiones o tasas elevadas. Intentemos no disponer de efectivo a través de nuestra tarjeta de crédito. Hay formas más ingeniosas para retirar efectivo sin que sea por esta vía; averígualas (en mi canal de YouTube hay información sobre esto).

GASTAR MÁS DE LO QUE GANAMOS

Tener una tarjeta de crédito es una gran oportunidad, pero también puede ser una gran amenaza. Nunca, pero nunca, pero **nunca** gastemos más de lo que ganamos. Tener una línea de crédito grande no significa tener gastos grandes: cuidemos nuestro dinero.

NO SABER LAS FECHAS DE CORTE Y FACTURACIÓN:

Debemos entender que la fecha de corte es cuando se cierran los ciclos y la fecha de facturación es cuando nos cobrarán intereses por los gastos realizados. Es por ello que debemos saber qué fecha tenemos en cada caso, a fin de utilizar al máximo nuestra tarjeta y generar beneficios en el tiempo.

Esto es solo un ejemplo de inteligencia financiera con las tarjetas de crédito, pero la realidad es que existen muchas formas de vencer al sistema financiero y convertirlo en nuestro mayor socio y aliado para hacer negocios. Lo único que debemos hacer es tener la información adecuada: este libro es una buena opción para empezar a aprender y encender ese foco de inteligencia financiera que existe en cada uno de nosotros.

PASO 3
COMENZAR A INVERTIR

Ahora que hemos aprendido que somos la mejor inversión y cómo pagarnos a nosotros mismos primero, y que hemos incrementado nuestro nivel de inteligencia financiera, es momento de enfocarnos en comenzar a invertir en activos que generen ganancias en el tiempo.

¿QUÉ ES INVERTIR?

Existen muchas y muy variadas definiciones acerca de esto, pero la que yo utilizo es la siguiente: «Poner una cantidad de dinero o tiempo en un negocio o activo para generar valor en el tiempo». Muchas personas me preguntan acerca de cómo invertir sin dinero. Estas son las personas que aún no se han dado cuenta de que su mayor activo no es el dinero, sino el tiempo. Es el único activo que no podremos volver a tener. No importa cuánto dinero tengamos, no podremos volver en el tiempo. Es por eso que los ricos invierten su dinero, mientras que los demás invierten su tiempo. Trabajar no es sino cambiar tiempo por dinero.

No digo que esté mal tener un trabajo, sobre todo si te apasiona. Pero podemos también tener un plan, un negocio, un activo, algo que vaya a hacer en un futuro que nuestro dinero trabaje por nosotros.

RECOMENDACIONES DE INVERSIÓN

Invierte en lo que conoces

Muchas veces, tendemos a ver el pasto más verde del otro lado de la valla; cuando hacemos una comparación, siempre se verá mejor lo que tiene el otro. Hoy, en un mundo lleno de redes sociales donde solo se muestran los éxitos, es muy fácil quedar como la persona que ha tenido mala suerte. Pero recordemos que, al momento de realizar una inversión, siempre vamos a ganar: ganaremos dinero o ganaremos experiencia.

Si ya tenemos la experiencia en algo, aprovechémosla e invirtamos más en ella para generar ganancias significativas; si no la tenemos, pues tengamos en cuenta que es probable que lo que ganemos en esas primeras inversiones no será dinero, sino experiencia.

Llevo 7 años invirtiendo en la Bolsa de valores con un rendimiento promedio del 20 % anual y no ha faltado año en el que aparezcan nuevas inversiones muy rentables con ganancias exorbitantes, por ejemplo, las criptomonedas, las cuales generaron rendimientos superiores al 1.000 % en un solo año; pero decidí mantenerme al margen de esta inversión, dado que no la conocía lo suficiente. Al año siguiente, sufrió una caída sin precedentes de más del 70 % desde sus máximos históricos. No digo que sea mejor invertir en la Bolsa de valores que en criptomonedas, pero debemos estar dispuestos a generar primero experiencia y luego rentabilidad en la inversión que decidamos utilizar.

Evalúa cada inversión al detalle

Es preferible evaluar 50 veces una idea antes de invertir que invertir en 50 ideas sin evaluar. Es importante que seamos conscientes de los riesgos que conlleva cada una de nuestras inversiones, así como todos los escenarios que pueden causar que nuestra inversión sea un éxito o fracaso. No quiero terminar este párrafo sin mencionar que el exceso de información causa congelación: no nos vayamos a los extremos y pongamos acción.

Por ejemplo: cuando decidí comprar mi primer inmueble a los 24 años para invertir, tuve que revisar más de 100 inmuebles por internet o en la calle, llamé a más de 50 personas, visité más de 15 inmuebles, oferté en 5 y compré 1.

Fue porque estuve dispuesto a hacer mi investigación y ganar experiencia antes de realizar la inversión que pude conseguir una oportunidad con un rendimiento superior al del mercado de inmuebles en mi país. Para seguir con el ejemplo, parte de mi investigación fue ir en diferentes horarios a la zona donde estaba comprando el inmueble, pese a que ya la conocía; también hablé con el vigilante e hice la mayor recopilación de información para asegurarme de que la decisión que estaba tomando era la correcta.

Define estrategias de entrada y salida

Cuando realizamos una inversión, ya sea en bienes raíces, Bolsa de valores u otras, es preferible saber hasta cuánto estamos dispuestos a invertir, cuánto esperamos ganar y en cuánto tiempo. De esta manera, podremos obtener ganancias, resistir pérdidas o mantener un gran negocio si ese es nuestro objetivo. Comencemos con el fin en mente.

¿A qué me refiero? Si compramos una acción en la Bolsa de valores, debemos saber cuál es su valor y a qué precio estamos dispuestos a venderla (si es que planeamos venderla).

Cuando comencé a invertir en la Bolsa de valores a los 19 años, cometí un gran error, y fue comprar una acción a un precio de S/0.27 porque yo pensaba que valía S/1.00; sin embargo, nunca me puse una meta para venderla. Esta acción que compré llegó a una valorización de S/1.00 unos meses después, pero en ese momento

de euforia decidí mantener la acción porque pensaba que crecería más. Fue así como la acción llegó a un precio de S/1.60 (más de 5 veces mi inversión); sin embargo, no vendí porque seguí creyendo que continuaría escalando. Unos meses después, esa acción cayó a un precio de S/0.4.

Lección: empieza con el fin en mente, siempre pongámonos planes y metas de salida antes de entrar a una inversión, no solo en la bolsa, sino en cualquier inversión.

Cuando me refiero a estrategia de salida, es porque no necesariamente debemos hacer una venta total. Si, por ejemplo, compramos 100 acciones, no debemos venderlas todas cuando lleguen a cierto precio, pero tal vez sí hacer una venta escalonada o parcial.

Precio es lo que pagas, valor es lo que obtienes

No importa en qué inviertas. Esta frase la escuché por primera vez de Warren Buffett y me tomó un poco de tiempo entender su significado. Te la repetiré: PRECIO es lo que pagas, VALOR es lo que obtienes. Si compras un Ferrari del año por 50.000 €, sabrás que has hecho un gran negocio porque ese coche tiene un valor de, por lo menos, 250.000 € y, sin embargo, pagaste solo 50.000 €. Sin embargo, si pagamos 50.000 € por un Toyota Corolla, por más que sea un buen vehículo, entonces habremos hecho una compra SOBREVALORADA porque hemos PAGADO más que el valor del mismo vehículo.

¡Lo mismo sucede con las acciones, los inmueble, los negocios y más! La única diferencia es que, si no hacemos nuestra tarea e investigamos el valor de estos activos, nos demoraremos mucho tiempo en darnos cuenta de nuestros errores.

Quiero poner varios ejemplos para que nos quede clarísimo el punto:

- Si una casa tiene un precio de 250.000 €, no significa que ese sea su valor. Debemos hacer nuestra tarea e investigar cuánto vale el metro cuadrado por la zona, cuánto podría valer para el mercado que maneja ese inmueble y, según eso, sacar un valor para nosotros. No existe una valuación exacta, pero sí la más adecuada para cada inversionista. En mi caso, yo busco inmuebles que me generen más del 10 % de rentabilidad anual sobre la inversión. Entonces, retomando el ejemplo, para que un inmueble valga 250.000 €, debe ser capaz de generar 30.000 € en rentas anuales o 2.500 € por mes. Si no, estará sobrevalorado. Si deseamos la casa para ganancia de capital u otro tipo de negocio, debemos hacer nuestra propia valoración Para comprar una acción, yo busco que tenga un *upside* (potencial de crecimiento) de por lo menos el 300 % y un *downside* menor al 50 %. Es decir, si una acción cuesta 100 €, busco que en los próximos 2 o 3 años pueda crecer a una valoración de entre 300 € y 400 € con una caída máxima de hasta 50 €. ¿Cómo lo hago? Realizando un análisis fundamental y técnico que luego comentaré.

- Para invertir en un negocio, yo busco que me genere una rentabilidad superior al 10 % anual; es decir, si por ejemplo quiero poner una panadería y los costes de implementación, fijos y variables durante 12 meses son de 500.000 € (todo el año), yo esperaría tener una utilidad neta (después de impuestos) de por lo menos 50.000 €.

Espero que estos ejemplos hayan servido. Son solo referenciales, pero debemos saber reconocer el valor de las inversiones y los negocios para no dejarnos guiar por el «precio» que los demás les asignen.

Posterga la gratificación

Las personas que son capaces de postergar por más tiempo la gratificación son las personas que tienen mayores oportunidades de lograr sus objetivos. Y es que sí, el éxito por lo general no es como en las películas y no se trata de volvernos millonarios de la noche a la mañana, tarda un poco más de tiempo y tiende a ser un camino en el cual se deberán hacer sacrificios al inicio para disfrutar en el futuro (postergar la gratificación).

Son momentos en los cuales no podremos salir con nuestros amigos todas las noches, porque tendremos que enfocarnos en nuestro negocio o inversión, momentos en los que tendremos que priorizar algunas inversiones antes que otros gastos. Toda la vida se basa en las decisiones que tomemos.

En mi vida, he tenido muchas oportunidades para despilfarrar el dinero que ganaba, pero desde pequeño mis papás me enseñaron la importancia de ahorrar y con el tiempo fui aprendiendo la importancia de invertir. He llegado a disfrutar más las inversiones que la mayoría de los gastos.

Quiero comentar una decisión que cambió mi vida a los 24 años. A los 18 años, me compré un coche carro, resultado de los negocios de importación de accesorios desde China y distribución en todo el país, que pude generar desde los 16 años; sin embargo, a los 24 años, tomé la decisión de vender el coche que tanto me había costado conseguir y tanto había disfrutado.

Cuando lo vendí, lo hice por dos motivos:

- **Tiempo:** porque de mi casa al trabajo, pese a que era una distancia de 8 a 9 km, me suponía 1 hora en ir y 1 hora en regresar, si es que no salía en horas pico, mientras que en bicicleta me tomaba entre 25 y 30 minutos en ir y lo mismo en volver.

- **Dinero:** porque me di cuenta de que no solo era tener capital invertido en el vehículo, sino que debía cubrir otros gastos significativos, como gasolina, mantenimiento, seguro, multas, estacionamiento, limpieza, propinas y demás eventualidades.

En ese momento, no tenía claro qué haría con el dinero, pero sí sabía que lo invertiría. Unos meses después, me di cuenta de que podía comprar un inmueble; pese a que tuve mucho miedo, terminé comprándolo con el dinero de la venta del coche (10.000 €, aproximadamente), otro dinero que tenía ahorrado (10.000 €) y el dinero que me prestó el banco (80.000 €). Fue ahí que me di cuenta de que, con el mismo dinero que me costaría comprar un coche y un buen historial crediticio, ¡podría comprar un inmueble en vez de un coche! Esto me pareció increíble: si te pones a pensar, con 20.000 € podemos comprar un coche o pagar la entrada de un inmueble con un préstamo a 20 años, y que este inmueble te genere ingresos y se pague solo.

Yo no sabía esta información cuando realicé la venta de mi vehículo, pero puedo asegurar que ha sido una de las mejores decisiones que he podido tomar, mirándola en retrospectiva.

¿Significa que no debo tener coche ? ¿Debo venderlo y comprarme una bicicleta?

NO, significa que debemos ser inteligentes financieramente. No debemos ir necesariamente por el camino más recorrido y a veces es necesario postergar la gratificación para alcanzar nuestros objetivos.

Pensamiento independiente

Los mejores inversionistas del mundo tienen algo en común: pensamiento independiente. Un inversionista *amateur se* deja llevar por las tendencias, cuando todos están diciendo que comprarán algo, que es la mejor inversión, que ahí se harán millonarios, etc.; mientras que un inversionista profesional crea las tendencias. ¿Cuál queremos ser?

Como lo mencioné con anterioridad, el pasto siempre se ve más verde en el jardín del vecino. Debemos saber enfocarnos en lo que es realmente rentable para nosotros y que conocemos. Debemos saber en qué momentos el mercado está exagerando, porque ahí es cuando las verdaderas oportunidades se crean.

Por ejemplo, en el mercado de acciones, el peor momento para comprar es cuando todos están comprando, porque entonces el precio de las acciones será muy superior a su valor. Por el contrario, el mejor momento para comprar acciones es cuando todo el mundo vende, porque es cuando el precio de las acciones es muy inferior a su valor.

Lo mismo sucede con los inmuebles. El peor momento para comprar es cuando todos están comprando y nadie quiere vender, mientras que el mejor momento para comprar es cuando todos están vendiendo y el precio está por los suelos.

Esto es muy fácil decirlo, lo difícil es soportar las críticas de las personas que nos rodean y la inseguridad. Pero, si conocemos la diferencia entre el precio y el valor de lo que compramos, todo estará bien.

Quiero poner un último ejemplo para entender cómo funciona el mundo de las inversiones y los negocios respecto al mercado. Esto se aplica, sobre todo, a las acciones.

Imaginemos que decidimos comprar un coche nuevo por un valor de 20.000 €:

- Al día siguiente, se nos acerca un conocido y nos ofrece
- 10.000 €. ¿Qué harías? Obviamente, le dirías: «No, gracias».
- Luego, unos días después, viene otra persona y ofrece 5.000 €.
- ¿Qué harías?
- Razonablemente, le dirías: «No».

Lo mismo sucede con las acciones. Si conocemos el valor de la empresa que hemos comprado, el mercado constantemente podrá presionar afirmando que vale menos, pero no tenemos por qué ceder ante esa presión. Si, por el contrario, nos ofrecen más, debemos tener en claro nuestra estrategia de salida y respetarla.

Sentido común

Es el menos común de los sentidos. Cuando realizamos una inversión o negocio, debemos no solo enfocarnos en los números, en las letras pequeñas y en los detalles, sino en el panorama completo.

Cuando hacemos negocios o realizamos inversiones, nuestra primera alerta la debería brindar nuestro sentido común para detectar grandes oportunidades.

Por ejemplo: mi sentido común me dice que el futuro de los transportes será la energía eléctrica y que dejaremos de lado el uso del petróleo, porque contamina mucho el medioambiente y resulta mucho más caro con los gastos asociados. Si llevo este conocimiento al campo de inversiones, puedo comenzar a inferir que debería invertir en empresas que desarrollen esta tecnología como Tesla (siempre y cuando el valor sea mayor al precio de compra). Recuerden que el sentido común puede ser nuestra primera alerta para seguir una inversión, pero no debe ser la única.

Otra tendencia que mi sentido común me hace inferir es que, si la medicina con el uso del cannabis es tan buena como lo muestran las pruebas, los países tendrán que autorizar su consumo y su distribución, lo que potenciará a las empresas que la manufacturan. Así, podría empezar a buscar acciones de empresas relacionadas para invertir. Entonces, el sentido común puede ser un gran primer paso para empezar en el mundo de las inversiones, pero recordemos no solo quedarnos con esa información, sino que, sobre la base de esta, debemos comenzar a investigar más a detalle para diferenciar el precio del valor y tomar la decisión más certera posible.

DIVIDE TU PORTAFOLIO DE INVERSIONES

Así como unos capítulos atrás hablamos de la importancia de dividir nuestras cuentas cada vez que recibimos un ingreso, es igual de importante que dividamos nuestras inversiones en distintos portafolios, no importa qué tanto o qué tan poco dinero poseamos. De esta manera, generaremos un hábito y podremos tener un portafolio de inversiones de acuerdo con nuestras necesidades y nuestras metas.

Tengo como principal objetivo ser ordenado con mis inversiones para optimizar los rendimientos de las mismas. Para esto he tomado la decisión de dividir todo mi dinero de inversiones en tres portafolios (crecimiento, seguridad y experimento). Antes de hablar a detalle de cada uno de estos, quiero explicar cómo debemos dividirlos y cada cuánto tiempo debemos balancearlos.

No existe una fórmula perfecta para tener en claro qué porcentaje asignar a cada uno de los portafolios. Existen fórmulas que, dependiendo de nuestra edad, ponen más porcentaje a la renta variable y menos a la renta fija. Sin embargo y desde mi experiencia, debemos ir modificando los porcentajes según nuestras necesidades a lo largo de los años.

Portafolio de crecimiento

Este es mi portafolio más importante y el que contiene la mayor parte de mi dinero (65 %). Recuerda que debes ajustarlo según tus necesidades y puede, en tu caso, no ser el más importante ni el más grande. Considero que las inversiones podrían tener un crecimiento superior al 15 % de manera anual y podrían llevar a la libertad financiera en un menor tiempo. Pero también existe la posibilidad de disminuciones en el precio a corto y medio plazo (volatilidad). Recordemos que incluir una inversión en este portafolio es una decisión. No existe una regla; debemos tomar estas herramientas y usarlas a nuestro favor. En mi caso, incluyo las siguientes inversiones dentro de mi portafolio de crecimiento (explicaré el detalle más adelante):

- acciones de la Bolsa de valores
- negocios privados
- inversión en *startups*
- préstamos sin garantía
- compra y venta de activos (inmuebles, por ejemplo)
- *factoring*
- otros instrumentos de renta variable

Portafolio de seguridad

Este es el portafolio que permite proteger nuestro dinero; es el dinero que no estoy dispuesto a perder y no está expuesto a volatilidades tan altas como el de mi portafolio de crecimiento. Este portafolio tiene un gran porcentaje (30 %) del total de mi dinero invertido.

Considero que las inversiones que están aquí podrán tener un crecimiento superior al 5 % de manera anual y podrán darme la tranquilidad de que voy en la dirección adecuada y que, independientemente del rendimiento de mi portafolio de crecimiento, este seguirá creciendo de manera segura.

Cuanto más conservador sea nuestro perfil, ya sea porque tenemos una familia que mantener, nos queden pocos años de trabajo o alguna situación particular, mayor será la cantidad de dinero que deberemos poner en este portafolio, pues de esa manera estaremos tranquilos. Tal vez no consigamos los rendimientos del portafolio de crecimiento, pero sí la tranquilidad.

Al igual que en el portafolio de crecimiento, este portafolio es una decisión y pienso que las inversiones que mencionaré pueden en algún momento pasar a mi portafolio de crecimiento si descubro la manera en que me rindan más del 15 % anual:

- depósitos a plazo
- cuentas de ahorro con intereses elevados
- bonos
- compra y alquiler de inmuebles
- préstamos con garantía hipotecaria
- otros instrumentos de renta fija

Portafolio de experimento

Este es un portafolio nuevo para muchos y que comencé a utilizar hace unos pocos años. La idea es experimentar, aprender y conseguir nuevas inversiones que, en algún momento, pasen a ser parte del portafolio de seguridad o crecimiento, según corresponda.

Aquí invierto mi tiempo en descubrir nuevas oportunidades, y probarlas con un porcentaje que no dañe mi participación general de manera desproporcionada a mis inversiones (5 % del total de estas). Sugiero que todos destinen una parte de sus inversiones a experimentar en inversiones que no conozcan a detalle, para ir aprendiendo. También no sugiero utilizar el 5 % de las inversiones en una sola inversión de experimento, sino probar y dividir ese monto de manera razonable.

Por ejemplo, las inversiones en ciertas *fintechs* (*startups* de finanzas) comenzaron aquí y fueron creciendo hasta que comprendí que debía ponerlas dentro de mi portafolio de crecimiento, como las empresas de *factoring* o préstamos.

En este portafolio yo he invertido en lo siguiente:
- *startups*
- *fintechs*
- *softwares* de apuestas deportivas
- criptomonedas
- forex
- negocios privados
- otros que sean interesantes

¿Qué hacer con los portafolios?

Es muy importante, ahora que conocen mis tres portafolios, saber que los porcentajes que asignamos a cada uno deben ir cambiando conforme nuestra aversión al riesgo cambie.

También debemos saber que una misma inversión puede estar en el fondo de crecimiento, seguridad o experimento. Por ejemplo, la inversión en inmuebles.

~~~~~~~~~~~~~~~~~~~~~~~~~~~~~~~~

Portafolio de crecimiento
Para mí, la compra y venta de inmuebles debe estar aquí, porque puede generar rendimientos entre el 10 y el 50 % anual con un riesgo moderado.

~~~~~~~~~~~~~~~~~~~~~~~~~~~~~~~~

~~~~~~~~~~~~~~~~~~~~~~~~~~~~~~~~

Portafolio de seguridad
Sin embargo, si decido comprar el inmueble para alquilarlo, podría generar rendimientos entre el 6 y el 12 % anual con un riesgo bajo. En- tonces, debería ponerlo en este portafolio

~~~~~~~~~~~~~~~~~~~~~~~~~~~~~~~~

Portafolio de experimento
Si decido comprar un inmueble para alquilarlo en Airbnb, lo pondría aquí, porque desconozco de ese negocio y no sé cuánto podría generar- me ni los gastos asociados que represente.

Todos estos portafolios son herramientas para ordenar nuestras inversiones, pero se basan en la información que cada uno de nosotros maneja. Entonces, la idea es que esta herramienta vaya evolucionando junto con nosotros.

Rebalancear portafolios

Así como en la división de ingresos, en la división de portafolios debemos tener porcentajes asignados para cada categoría que manejemos. También, es muy importante que hagamos lo siguiente: REBALANCEAR nuestro portafolio por lo menos cada seis meses, porque esta será la única forma que tendremos para que el sistema funcione por nosotros.

¿A qué me refiero?

Por ejemplo, tenemos inversiones por 100.000 € y destinamos el 50 % de nuestro dinero a acciones (portafolio de crecimiento), 50.000 € y el 50 % restante a renta fija, es decir, 50.000 €.

Antes	
Fijo	50.000 €
Acciones	50.000 €

Pero la bolsa sufre una caída inesperada del 20 % en las acciones; es decir, los 50 000 € pasan a tener un precio de 40.000 €.

Caída	
Fijo	50.000 €
Acciones	40.000 €

Entonces, nuestro portafolio quedará en, aproximadamente, 45 % acciones (40.000 €) y 55 % renta fija (50.000 €).

Después	
Fijo	50.000 €
Acciones	50.000 €

En ese momento, tendremos que aportar más dinero a las acciones (ya sea con nuevos aportes o quitando de la renta fija para poner en las acciones). Esto producirá que vuelvan a estar en porcentajes equitativos del 50 % cada uno.

¿Por qué es importante hacerlo? Porque de esa manera podremos comprar en momentos de crisis y podremos vender en momentos de auge, simplemente, siguiendo las normas que hemos puesto.

INVERSIONES DE MIS PORTAFOLIOS

Bolsa de valores

Esta es una de las inversiones con las que estoy más familiarizado porque comprar acciones ha sido una de las primeras inversiones que comencé a realizar. Empecé a los 19 años luego de ir a una conferencia organizada por mi universidad en Omaha, Nebraska, con Warren Buffett.

Allí entendí la importancia de invertir para hacer que el dinero trabaje por nosotros. También entendí que la Bolsa de valores podría ser una gran herramienta para las personas pacientes y que no era necesario vivir en Nueva York o tener una vida como la que te presentan en las películas para ser un buen inversionista en la bolsa. Podemos invertir en cualquier bolsa, prácticamente, desde cualquier país, si tenemos acceso a internet.

Considero que invertir en la bolsa es un gran reto porque no solo debemos hacer una gran investigación, conocer a detalle cada empresa en la que invertiremos y el mercado, sino que debemos conocernos y ser capaces de controlar emociones y sentimientos que el mercado puede generar en nosotros cuando el precio de alguna acción cae o sube.

Otra de las sugerencias antes de invertir que debemos saber es la de siempre tener una estrategia de inversión clara; si no, mejor no entremos. En mi caso, he decidido utilizar la filosofía de *value investing*, que es básicamente comprar barato, vender caro y en algunos casos no vender.

3 pasos para invertir en la Bolsa de valores

- Lo primero que debemos hacer es elegir las mejores empresas del mercado, las que nos interesan, y hacer una lista de ellas (lo más larga posible).

- Luego, debemos investigar el valor de cada una de ellas (leyendo sus estados financieros y analizando las ratios correspondientes).

- Por último, debemos comparar el precio *vs* el valor de cada una de estas empresas y ver si existen buenas oportunidades en la diferencia de ambos. Recordemos la frase que mencionamos hace poco: «Precio es lo que pagas, valor es lo que obtienes».

En las acciones podemos ganar dinero de dos maneras:

FLUJO RESIDUAL MEDIANTE LOS DIVIDENDOS DE LA EMPRESA

Existen empresas que pagan dividendos del 3 al 4 % de manera anual; entonces, si invertimos 100.000 € en ellas, podemos esperar recibir montos de 3.000 € a 4.000 €. Así como existen estas empresas, la mayoría paga menos o no paga dividendos. Esto debe estar claro desde el inicio para saber cuál será nuestra estrategia de inversión.

GANANCIA DE CAPITAL MEDIANTE COMPRA Y VENTA DE ACCIONES

Esto sucede cuando compramos a un precio menor al valor de una empresa; entonces, cuando llegan al precio esperado, que supera o iguala al valor que evaluamos, decidimos vender. Si invertimos 100.000 € en una empresa pensando que esas acciones valen 300.000 €, cuando lleguen a ese precio y decidamos vender, tendremos una ganancia de capital de 200.000 €.

Cabe resaltar que las inversiones en la Bolsa de valores son la inversión más grande dentro de mi portafolio de crecimiento, porque considero que es en la que más experiencia tengo. Si no tenemos experiencia en la bolsa, pero queremos invertir en el mercado, sugiero comprar índices. Estos son conglomerados de distintas empresas que nos permiten simular los rendimientos del mercado como el índice que simula el SP500 (500 empresas más grandes que cotizan en la bolsa de Estados Unidos); con ellos, podemos generar rendimientos del 8 al 10 % anual en promedio.

OJO: este es el rendimiento promedio, podemos generar más o menos dependiendo de los rendimientos de las acciones o índices que decidamos comprar.

RECUERDA: *invertir en la Bolsa de valores conlleva riesgos; debemos estar dispuestos a ver caer nuestras inversiones en un 20 % y hasta en un 50 % en algunas ocasiones. Si no nos creemos capaces de soportar esos golpes mentales, evitemos esta inversión. En promedio, cada 8 años hay una crisis y el mercado cae en un 20 % en unos pocos días o semanas. Este puede ser el mayor de los problemas o la mayor de las oportunidades, depende de nuestra mentalidad y del dinero en efectivo que tengamos en ese momento.*

Quiero terminar con una frase: «Invertir en la Bolsa de valores puede ser arriesgado a corto plazo, pero no invertir en la bolsa puede ser arriesgado a largo plazo».

 Cómo aprender a invertir en la Bolsa en solo 1 hora (video gratuito).

Inmuebles

La inversión en inmuebles es una de las formas más seguras que pueden existir en el mundo. También es una de las que tiene más opciones para invertir. Mencionaré algunas de las maneras de invertir en inmuebles que conozco:

 ## COMPRAR INMUEBLES PARA ALQUILER

Esta es la inversión que más conozco en el rubro de inversión en inmuebles y la que comencé a utilizar hace unos años. Probablemente, existen pocos negocios que generen ingresos tan sólidos como los alquileres de inmuebles; además, es un gran negocio porque podemos acceder a financiación de manera muy fácil. Si vamos donde nuestro asesor de banca y le pedimos 100.000 € para invertir en la Bolsa de valores, nos dirá que no. Si vamos donde nuestro asesor de banca y le pedimos 100.000 € para invertir en bienes inmuebles y hemos seguido los consejos de los capítulos anteriores, muy probablemente nos dirá que sí.

Estos negocios permiten que paguemos el 10 % del valor del inmueble y el banco nos preste hasta el 90 %, para que luego podamos hacer con el inmueble lo que deseemos (vivir ahí, alquilarlo o venderlo).

Ahora, contaré el detalle de cómo comprar un inmueble paso a paso. Desde mi experiencia, existe una **fórmula para inmuebles 100:40:10:1**, que significa:

100 *Inmuebles a los que llamas/consultas*

40 *Inmuebles que visitas*

10 *Ofertas que realizas*

1 *Compra del inmueble*

Como en cualquier otra inversión, aquí tenemos que analizar mucho antes de realizarla, porque las ganancias no se generan en la venta, sino en la compra. Tengamos en cuenta que estas estadísticas están basadas en mi primera experiencia comprando inmuebles, que fue a los 24 años.

Muy probablemente, si tenemos más experiencia, podremos mejorar esos números.

Ahora quiero compartirte cuánto podemos esperar de rentabilidad a partir de un ejemplo de compra para alquiler:

- Coste del inmueble = 100.000 €
- Cuota inicial –entrada- (20 %) = 20.000 €
- Préstamo del banco (80 %) = 80.000 €
- Otros gastos (remodelación + impuestos + notaría + legal)
- = 10.000 €

En Perú, el interés bancario por un préstamo hipotecario es alto en comparación con otros países: el 7 % aproximadamente, mientras

que en Estados Unidos o España puede ser de alrededor del 3,85 de promedio Para este ejemplo, usaremos el 7 % y un plazo de 20 años.

En este ejemplo, la cuota mensual es de 600 €, aproximadamente (la cuota mensual en este caso se divide en 350 € para pagar intereses y 250 € para amortizar el capital del préstamo), mientras que podemos encontrar departamentos por ese precio en ciertas zonas en las que cobres un alquiler de 700 €.

Entonces, existen dos maneras de calcular la rentabilidad que te genera esta inversión:

Con apalancamiento en bancos	
Diferencia entre cuota y alquiler	100 €
Amortización de capital	150 €
Total mensual	250 €
Total anual	3.000 €
Inversión inicial total	30.000 €
Rentabilidad anual	10 %

Ahora, si calculamos a partir del monto total sobre el alquiler total, es diferente:

Sin apalancamiento en bancos	
Alquiler mensual	700 €
Alquiler anual	8.400 €
Inversión total	110.000 €
Rentabilidad anual	7.64 %

Recordemos que todo esto son pequeños ejemplos de las rentabilidades que podemos conseguir de manera «segura» invirtiendo en inmuebles. Lo más importante es que tengamos pensamiento independiente y podamos buscar lo suficiente hasta encontrar lo que queremos. **No importa en qué ciudad del mundo nos encontremos; las personas necesitan un lugar donde vivir y alguien tiene que alquilárselo.**

Este modelo de negocio puede incrementar la rentabilidad en algunas ciudades del mundo donde se utilizan otros modelos que conllevan una mayor inversión de tiempo, pero un incremento en ganancias anuales de hasta un 30 %. Estos modelos son los siguientes:

- **Subarrendamiento:** en ciudades capitales o con una densidad de población elevada, se utiliza mucho el modelo de alquiler de habitaciones de un apartamento a estudiantes o personas jóvenes que no pueden costear el alquiler de un apartamento completo.

  Aquí podemos tener ingresos altos por habitación y aumentar nuestra rentabilidad.

- **Alquiler por Airbnb:** en ciudades turísticas, se ha vuelto una gran alternativa comprar inmuebles para alquilarlos por Airbnb o plataformas similares, que son sustitutos de los hoteles. Aquí, sobre la base de una buena estrategia de posicionamiento dentro de la plataforma y precios competitivos, podemos obtener rentabilidades superiores a las ya mencionadas.

- **Alquiler de locales comerciales:** en todas las ciudades existen locales de alquiler para comercio, desde una farmacia hasta restaurantes. Si sabemos aprovechar los cambios de zonificación o buenas oportunidades que se presenten para comprar estos locales, podremos tener rentabilidades no solo superiores, sino más duraderas. Es más difícil que un negocio cambie de local a que una persona cambie de vivienda.

COMPRAR INMUEBLES PARA VENTA

Este es un negocio de ganancia de capital, en el que se debe conocer el mercado para sacar provecho de las oportunidades. Si conocemos el valor de los inmuebles, entonces podremos hacer buenas ofertas cuando el precio sea inferior al mismo. También existen algunas variantes que conozco dentro de este modelo de negocio en inmuebles:

- **Compra de inmuebles para la venta simple:** se decide comprar un inmueble porque el valor es superior al precio; en estos negocios, podemos generar ganancias del 5 al 30 % en promedio. Lo importante es en cuánto tiempo podremos generarlas, pues podemos tardar semanas en venderlo, o meses.

- **Compra de inmuebles para remodelación:** este es un gran negocio porque añade valor a las propiedades con las que nos involucramos. Debemos saber detectar inmuebles que tengan un precio inferior a su valor, pero recordar que todo lo que está dentro del departamento es modificable. Lo más importante es lo que no podemos modificar: lo que está afuera (zona del inmueble y demás condiciones externas). Los márgenes de ganancia son muy variables.

- **Compra de inmuebles en proyectos:** comprar un inmueble que esté en planos siempre será del 10 al 30 % más económico que el precio final. Conozco a personas que compran cuando los proyectos están aún en planos y venden antes de que se acaben de construir o cuando recién se han terminado, con una ganancia de capital superior al 15 %.

 Cómo aprender a invertir en inmuebles en 1 hora (video gratuito).

 # PRÉSTAMOS CON GARANTÍA HIPOTECARIA

En líneas anteriores, comentaba que las tasas de los créditos hipotecarios en los países de Sudamérica son considerablemente mayores que las tasas en países como Estados Unidos o España. Pero lejos de ser un impedimento para invertir en inmuebles, lo considero, como todo buen emprendedor, ¡una gran oportunidad! Porque hay muchas empresas y personas que necesitan préstamos de dinero a corto plazo y están dispuestas a hipotecar inmuebles. Entonces, existen empresas que reúnen capital privado (inversionistas) para generar estos préstamos, que pueden tener rendimientos de entre el 15 y el 24 % anual. Es muy importante que, al generar esta clase de inversiones, la empresa que lo haga tenga una buena asesoría legal y tributaria para evitar problemas engorrosos.

OTROS NEGOCIOS CON INMUEBLES

Recordemos que solo he dado algunos ejemplos de las formas que yo conozco de invertir en inmuebles, pero existen muchas otras, tales como la construcción de inmuebles, el cambio de zonificación, crear lotes, invertir en terrenos de distintos tipos, entre otras. La idea es abrir nuestros ojos y darnos cuenta de todas las alternativas de inversión con inmuebles que están ahí afuera esperando inversionistas como nosotros.

Negocios

Hace unos años, descubrí que, dentro de la lista de las personas más ricas del mundo (*Forbes*), existían varios tipos de perfiles, pero el más común era el del inversionista y el del emprendedor. En este libro, hemos hablado bastante acerca de ambos. Pero debemos saber que podemos emprender un negocio en cualquier momento y de cualquier tipo, y que también debemos estar atentos para apoyar e invertir en los negocios que puedan interesarnos de familiares, amigos o conocidos.

Cuando hablamos de inversiones, no solo hablamos de dinero, sino de tiempo. Creo firmemente que cualquier persona que se lo proponga puede añadir gran valor a cualquier proyecto o misión que se alinee con sus intereses.

La forma más fácil de fracasar es no intentando nada. No existe algo seguro en esta vida, solo que es un mundo mutable, y los emprendedores somos los que aprovechamos esos cambios mientras otros no terminan de entenderlos.

Redes de marketing

Existen distintos modelos de negocio en los que podemos invertir, pero quiero tomarme la libertad de mencionar uno que ha cambiado la vida de millones de personas, incluyendo la mía: redes de marketing o *marketing* multinivel.

En este modelo de negocio, he encontrado un camino emocionante y lleno de historias de éxito que ha permitido generar abundancia en millones de familias; sin embargo, hay muchas personas que aún ven esta industria con escepticismo y la siguen llamando «pirámide». En este apartado, buscaré dar información relevante para que puedan conocer un poco más de la misma.

En un canal tradicional, la empresa manufactura o maquila sus productos, para luego invertir en transporte, almacenaje, mayoristas, minoristas, otros gastos de operación y, sobre todo, publicidad para que la gente se sienta inclinada a comprar esos productos. En cambio, en las redes de márketing la empresa manufactura o maquila sus productos, para luego brindárselos directamente al distribuidor (persona) que se encargará de realizar todo el proceso. Es necesario que sepamos que existen tres tipos de distribuidores en una red de marketing:

- **Consumidores:** solo desean consumir el producto de manera familiar.

- **Vendedores:** desean consumir el producto y venderlo en su entorno, lo que les genera ganancias.

- **Distribuidores:** consumen el producto, tienen clientes que lo consumen y buscan más distribuidores para armar un equipo.

Este modelo permite cobrar un porcentaje por el volumen total de ventas que hayamos generado junto con el equipo que creamos. ¿Es fácil? No, pero sí es simple. En las redes de marketing, los ingresos son directamente proporcionales al impacto que generemos.

Pero ¿por qué muchos dicen que es estafa? Por dos motivos:

- En primer lugar, los distribuidores sobrevenden la oportunidad cuando dicen que es fácil ganar dinero y prometen recompensas millonarias, pero omiten el esfuerzo que esto conlleva. Este es un modelo de negocio que requiere tiempo y dedicación. Y SÍ funciona, pero la pregunta de fondo es si funcionamos para este modelo de negocio. ¿Estamos dispuestos? Si eres una persona que no está dispuesta a priorizar de 10 a 20 horas a la semana para generar una fuente de ingresos adicional, sugiero no intentarlo.

- En segundo lugar, hay empresas fraudulentas que se han hecho pasar por este modelo legítimo para estafar a ciertas personas. Estas son las empresas que cambian dinero por dinero o venden servicios o productos que no se utilizan.

Entonces, ¿cómo saber si una empresa es legítima? Debemos hacernos la siguiente pregunta: ¿comprarías ese producto o servicio al precio que te están ofreciendo, si es que no te pagaran por recomendarlo?

Recordemos que las redes de marketing no son un negocio en el que ponemos solamente dinero y esperamos ganar ingresos descomunales sentados. Debemos poner tiempo y esfuerzo para sacar adelante este negocio al igual que cualquier otro. Lo importante es que tendremos la libertad para generar un ingreso a tiempo parcial o un ingreso principal para nuestra familia mientras que aprendemos a emprender. Este es un modelo de negocio distinto, porque nos enseña habilidades básicas para tener éxito en cualquier otro tipo de negocio, como ventas, liderazgo, oratoria, entre otros. Por último, es importante mencionar que este modelo de negocio nos permite, si es que lo trabajamos de manera seria durante un tiempo y construimos un sistema que trabaje con nuestra organización, generar ingresos residuales en el tiempo, por lo que se puede convertir en una inversión con rendimientos que no dependan directamente de nuestro tiempo.

Instrumentos de renta fija

Estas son opciones de inversión que nos permitirán mantener nuestra riqueza. Todas están en mi fondo de seguridad; por ese motivo, las considero muy conservadoras y de baja volatilidad. Estas opciones existen en todos los países, solo es cuestión de averiguar cuál se adapta mejor a nuestras necesidades y nuestro perfil como inversionistas. A continuación, te explicaré cada una de las que manejo. Recordemos que existen muchas más que podemos incluir como instrumentos de renta fija.

- **Depósitos a plazo fijo:** estos son uno de los instrumentos más básicos para empezar a invertir; para entenderlos, debemos comprender que pondremos nuestro dinero en una cuenta bancaria que no podremos utilizar (bajo distintas penalizaciones según nuestro banco) durante un tiempo determinado. Por lo general, los contratos son desde 180 días hasta más de 720 días, y las rentabilidades pueden variar entre el 2 y el 10 %. Los factores principales que influyen son el país, la moneda del depósito, el tiempo del depósito, la entidad donde se realiza el depósito, la cantidad del depósito, entre otros.

  Lo bueno e importante de estos depósitos es que, en algunos países como Perú, existe un fondo de seguridad para todas las entidades financieras. Esto significa que, si la entidad financiera donde invertimos nuestro dinero quiebra, nos devuelve el dinero más los intereses ganados. Es decir, son inversiones de riesgo cero, siempre y cuando invirtamos menos del límite del fondo de seguridad.

- **Cuentas de ahorro:** considero que las cuentas de ahorro o tarjetas de crédito son un gran instrumento transitorio. Con esto me refiero a que existen períodos cortos de tiempo en los que tenemos liquidez elevada y, en vez de tener ese dinero en cualquier cuenta bancaria que nos rinda menos del 1 % de manera anual, o que no sea posible invertirlo por períodos largos en un depósito a plazo, porque sabemos que utilizaremos ese dinero pronto, podemos usar una cuenta de ahorro con alto pago de intereses con capitalización diaria, semanal o mensual. Esta puede ser una gran aliada. En mi caso, he conseguido una cuenta bancaria que me paga el 4.5 % anual con capitalización diaria, de tal manera que permite que mi dinero esté trabajando incluso cuando está «descansando» hasta la siguiente gran oportunidad. Sugiero que busquemos en los bancos de nuestro país cuál es el que tiene la mejor tasa de interés y recordemos que vivimos en la era de la información. Existen empresas que se dedican a comparar estas tasas. Apalanquémonos en ellas.

- **Bonos y obligaciones del Estado:** este es un instrumento de renta fija muy antiguo. Ocurre cuando el Estado pide prestado dinero y ofrece una tasa fija de rentabilidad anual. Depende del país, pero esta tasa puede estar entre el 0 y el 5 %, por lo general. Estas tasas son inferiores a las que nos puede brindar una entidad financiera, porque la única forma en que el Estado deje de pagarnos es que el país quiebre o suceda algo catastrófico, por lo que se entiende que esta es una de las formas más seguras de inversión que pueden existir.

- **Bonos:** los bonos son un instrumento de renta fija con un componente variable. Son similares a los bonos y a las obligaciones del Estado, pero en este caso las empresas privadas, por lo general, son las que necesitan el dinero y lo piden a través de este instrumento. Así, te dan intereses anuales por lo general. ¿Por qué digo que tienen un componente de renta variable? Porque el precio de los bonos puede subir o bajar dependiendo de cómo le esté yendo a la empresa que los emitió y el porcentaje de interés que pague.

  Por ejemplo, si un bono se emitió a una tasa del 6 % de interés anual, pero 3 años después las tasas de interés están alrededor del 1 %, entonces el bono valdrá más.

  Si, por el contrario, el bono se emitió a una tasa del 6 % de interés anual, pero 3 años después las tasas de interés están alrededor del 10 %, entonces el bono valdrá menos.

Fintech

El término *fintech* es una combinación de dos palabras *finance* ('finanzas') y *technology* ('tecnología'). Son básicamente *startups* (empresas con alto potencial de crecimiento mediante tecnología) enfocadas en finanzas. Una de las industrias que menos ha evolucionado en los últimos años es la financiera. Existen muchos procedimientos bastante burocráticos con entidades financieras en los que no te ofrecen rentabilidades adecuadas por distintos motivos, desde estructuras de costos hasta regulaciones. Es por eso que, como parte del contenido que creamos en las distintas plataformas (YouTube, Spotify o Instagram), buscamos promocionar empresas que estén revolucionando esta industria.

Pongámonos a pensar por un momento: nosotros, las personas que tenemos excedentes, somos los que ponemos nuestros ahorros en un banco para que ellos inviertan nuestro dinero. ¿Cómo lo invierten? Prestándolo de diferentes formas (tarjetas de crédito, créditos hipotecarios, créditos vehiculares, *factoring* e inversiones diversas). A cambio de estas inversiones, los bancos reciben rentabilidades elevadas, mientras que nosotros recibimos ganancias pequeñas por intereses.

¿No sería interesante acortar el proceso
y que nuestro dinero trabaje por nosotros?

Esta es la idea de muchas *fintechs* que están trabajando en la región y en el mundo. De hecho, hace poco se lanzó el primer banco totalmente virtual. Imaginémonos tener todos los procesos con el banco en nuestro telefono movil; eso será una realidad muy pronto.

Pero, al enfocarnos, ¿en qué *fintechs* podemos invertir? No pondré ningún nombre de empresa particular, pero sí anotaré los titulos para que podamos investigar qué tipo de empresas existen en nuestro país con esas modalidades de inversión. Además, siempre que quieran, pueden buscar el contenido en mi canal de YouTube.

PEER-TO-PEER LENDING (P2P) (PRÉSTAMOS PERSONA A PERSONA)

Este tipo de plataformas nos permite invertir nuestro dinero para prestarlo a muchas personas. Es decir, si tenemos 1.000 €, podemos invertirlo aquí y prestarlo en distintas participaciones a muchas personas. Así, con esos 1.000 €, podemos financiar a 50 personas con 20 €cada una, por ejemplo, mientras que existen personas que pueden pedir cantidades de 10.000 € y ser financiadas por 500 personas. Las plataformas que operan bajo esta modalidad son intermediarias, encargadas de filtrar a las personas que piden el dinero prestado, hacer el seguimiento de los cobros y conseguir inversionistas que pongan su capital. Los retornos van a depender mucho del país en el que nos encontremos, pero desde mi experiencia es una buena alternativa de inversión.

CROWDLENDING Y CROWDFUNDING (PRÉSTAMOS Y FONDOS COMUNES)

Son dos conceptos distintos, pero similares al P2P porque son varias personas que se juntan para poner el capital para un proyecto, empresa o persona. La diferencia está en la intención con la que lo hacen: si es para prestarles el dinero, se llama *crowdlending*; mientras que, si es para invertir en el proyecto, se llama *crowdfunding*.

Esta es una gran alternativa de inversión porque nos permite tener mayor control de a quién le prestamos o cómo invertimos nuestro dinero. Por lo general tienden a ser inversiones con un *ticket* de inversión más alto de entrada.

FACTORING

Es una operación financiera en la que participan tres actores principales:

- la empresa que emite la factura (empresa A)
- la empresa que debe cobrar esa factura (empresa B)
- la empresa que compra esa factura (empresa C)

Este proceso se utiliza cuando la empresa A pone condiciones de pago superiores a 30 días y, por lo general, 90 días. Es decir, la empresa A realiza una compra al crédito y ofrece la factura como garantía de pago.

¿En qué momento se hace? Cuando la empresa B necesita liquidez inmediata. Imaginemos que la factura es por 10.000 € a 90 días. Entonces, esa empresa buscará en el mercado a alguien que le compre esa factura, asuma la cobranza y el tiempo que demorará la misma, por un descuento en el precio.

¿Qué gana la empresa C? En el momento que decide comprar la factura, lo hace por un precio inferior al precio de la factura. Es decir, si la factura fue por 10.000 €, la terminará comprando por un valor de 9.000 € a 9.500 €, dependiendo del tiempo que deba esperar para recibir el pago.

¿Cómo puedo invertir en *factoring*? Existen plataformas que se dedican a comprar facturas y que buscan a quienes quieran invertir en estas para conseguir esas rentabilidades. Entonces, esta es una opción que puede generar rentabilidades también elevadas y tiene una garantía: las facturas.

PRÉSTAMOS CON GARANTÍA HIPOTECARIA

Ya mencioné este tema en la inversión en inmuebles; sin embargo, quiero volver a ponerlo como una gran alternativa dentro de *fintech*. Existen empresas que se dedican a buscar empresas y personas que deseen un financiamiento y que estén dispuestas a poner como garantía un inmueble. Entonces, es una gran oportunidad para que distintos inversionistas pongan su dinero a trabajar por ellos con la garantía que brindan los inmuebles. Debemos averiguar qué empresas tienen este modelo de negocio en nuestro país.

OTROS INSTRUMENTOS

Las opciones que acabo de mostrar son solo algunas y las que más conozco. Existen infinitas formas de invertir nuestro dinero con éxito. Solo recordemos seguir el orden de este libro. Antes de terminar, quiero mencionar otras maneras en las que puedes invertir tiempo y dinero. Debo antes decir que no soy experto en estas, pero sí conozco a personas a quienes les ha ido muy bien y considero que valdría la pena investigar más a fondo sobre ellas:

- forex
- criptomonedas
- *softwares* de apuestas deportivas
- *dropshipping*
- arbitrajes

Recuerden que para cambiar el mundo hoy en día lo único que necesitamos es acceso a internet y buena actitud. Los invito a que sean curiosos y no se conformen con las alternativas de inversión que he mencionado aquí. Existen muchas otras y existirán siempre nuevas alternativas ante las que debemos tener mente abierta, estar atentos y siempre tener dinero disponible para ganar experiencia.

PASO 4
GENERAR INGRESOS
RESIDUALES

Decidí ponerle de título a este libro *Código dinero: 4 pasos para hacer que tu dinero trabaje por ti,* porque en mi mente todos estamos en el juego del dinero y tenemos una relación con él, lo sepamos o no. Y, como en todo juego, existe una forma de vencer, un camino más corto, un *hack,* un código. En este libro, he mostrado cómo podemos lograr vencer en este juego en cuatro pasos simples, mas no fáciles necesariamente. Si has llegado hasta esta parte del libro, es porque realmente te interesa vencer y utilizar las herramientas que te he dado. Para mí, vencer en el juego se resume en una sola palabra: LIBERTAD.

Libertad para hacer esas cosas que nos gustan cuando queramos

Libertad para viajar

Libertad para emprender

Libertad para invertir

Libertad para dar libertad a nuestra familia

Libertad para disfrutar de nuestro tiempo

Libertad para disfrutar de nuestra familia

Libertad para disfrutar de ti

¿TE IMAGINAS UN MUNDO EN EL QUE EL TIEMPO Y EL DINERO NO SEAN UN PROBLEMA?

Hasta este momento en el libro, he explicado cómo invertir y generar ingresos; sin embargo, no he enseñado cómo tener más tiempo. Lo que sucede es que no es lo mismo generar un millón de dólares al año invirtiendo de 60 a 80 horas a la semana que generar lo mismo en 4 o 5 horas a la semana. ¿Es realmente posible? Sí, lo único que debemos hacer es enfocarnos en generar ingresos residuales.

Existen dos tipos de ingresos: lineales y residuales.

- **Ingreso lineal:** es el tipo de ingreso por el que cambiamos tiempo por dinero (por ejemplo: un trabajo en planilla).

- **Ingreso residual:** es por el que invertimos (tiempo o dinero) al inicio y luego cambiamos, principalmente, dinero por dinero (por ejemplo: alquiler de inmuebles).

La idea es que **no cambiemos tiempo por dinero de forma lineal y permanente.** Debemos tener un plan y crear ingresos que no dependan de nuestro tiempo.

Como lo he mencionado a lo largo de este libro, la mayoría de nosotros hemos sido instruidos para cambiar nuestro tiempo por dinero durante toda la vida y generar ingresos lineales. Esa visión es limitada y parcial, por lo que debemos ampliar nuestro abanico de posibilidades (información) para tomar mejores decisiones.

¿POR QUÉ LOS RICOS SE VUELVEN MÁS RICOS?

Ser rico es una mentalidad. Podemos estar quebrados (gastar más de lo que ganamos), pero ser ricos. Así como podemos tener mucho dinero y ser pobres. Hoy en día, la sociedad premia los gastos, pero no premia los ingresos.

Los ricos se vuelven más ricos porque solucionan más problemas que los pobres. Donde uno encuentra un problema, el otro ve una oportunidad.

Imaginemos que queremos comprar algo muy caro que nuestro presupuesto no nos permite. ¿Cuál de los dos pensamientos se parece más al que tenemos?

No puedo pagarlo   *¿Cómo puedo pagarlo?*

Un pensamiento se queda con el problema y lo asume como inalcanzable, mientras que el otro obliga a que trabajemos en eso y hallemos una solución para alcanzarlo.

Lo mismo sucede en la vida. Mientras que para los pobres existen los problemas imposibles o muy difíciles, para los ricos existen otras formas de enfocar la situación.

El secreto que todos los ricos han estado guardando sobre por qué se vuelven más ricos está en una sola palabra: APALANCAMIENTO.

¿Qué es el apalancamiento?

Es utilizar un mecanismo o herramienta para generar un mayor impacto del que podrías tener con esfuerzo propio.

Los ricos utilizan cuatro clases principales de apalancamiento:

- **Dinero:** utilizan el dinero de los demás para generar valor. Ejemplos: préstamos bancarios, préstamos familiares, préstamos de amigos, entre otros.

- **Tiempo:** utilizan el tiempo de los demás para generar valor. Ejemplo: contratar abogados, contables , financieros , publicistas, etc.

- **Recursos (habilidades):** contratar vendedores, asesorías, etc.

- **Sistemas:** plataformas, franquicias, etc.

Lo más importante del apalancamiento, al igual que cualquier otra herramienta, es utilizarlo para un bien y generar valor. Cuanto mayor valor brindemos a la sociedad, mayor valor será devuelto en forma de dinero, reconocimiento u otra forma.

FORMAS DE GENERAR INGRESOS RESIDUALES

Dentro de las inversiones que presenté en el paso 3 de este libro, existen negocios que pueden transformarse en fuentes de ingresos residuales y otros que pueden ser lineales. Recordemos que se puede empezar a invertir en negocios que no necesariamente sean residuales para generar capital y luego enfocarnos en solo inversiones que generen un ingreso residual o tener una mezcla de ambos en nuestro portafolio de inversiones. Por lo general, **los ingresos residuales** se encuentran en el **portafolio de seguridad,** mientras que los **ingresos lineales** están en el **portafolio de crecimiento** porque, para que sigan creciendo a ese ritmo, es necesario invertir tiempo.

En esta lista, mencionaré las inversiones que pueden ser residuales y profundizaré en nuevos métodos para generar esta clase de ingresos:

Invertir en acciones que paguen dividendos

Una de las formas de generar ingreso residual es comprar acciones con un porcentaje alto de dividendos y una historia de más de 5 años con dividendo creciente. Un porcentaje alto es del 3 al 4 % del precio de la acción. Recordemos que el precio de la acción puede subir o bajar, pero, si esta compañía tiene una política de dividendos como la que comento, el dividendo debería seguir subiendo. También recordemos que para comprar cualquier acción debemos saber diferenciar valor de precio. Como lo expliqué antes, no siempre un buen dividendo hace una buena compañía. En este caso, nos estamos apalancando en nuestro dinero y en el trabajo que realice la empresa que estamos comprando.

Renta fija en entidades bancarias

Esta es una de las opciones más conservadoras y tradicionales que existen. Como lo mencioné con anterioridad, en este caso, es difícil que nos genere riqueza; sin embargo, sí nos protegerá contra la inflación y ayudará a mantener nuestra riqueza. Por esto considero útil ponerla en nuestro portafolio de seguridad. Así, podremos generar del 1 al 8 % en depósitos a plazo fijo sin casi ningún riesgo. En este caso, nos estamos apalancando en nuestro dinero y el trabajo que realice la entidad financiera donde invirtamos.

Además, tendremos opciones, tales como invertir en bonos según cuánto dinero tengamos, con los cuales podemos llegar a conseguir rentas promedio de hasta el 8 % o el 10 %, con el riesgo de que la cotización del bono baje. Al igual que en el anterior ejemplo, nos estamos apalancando en nuestro dinero y el trabajo de la empresa a la que le compremos el bono. Existen otras alternativas de renta fija en entidades bancarias que ya mencionamos, como tarjetas de ahorro con tasas elevadas de interés bajo el mismo concepto de conservar la riqueza.

Negocios propios con gestiones tercerizadas

Esta es una de las opciones más interesantes para todos los que tienen poco dinero, dado que podemos crear o invertir en cualquier tipo de negocio, apalancándonos en nuestra experiencia o la experiencia de una persona que contratemos. Por ejemplo, si tenemos experiencia en panadería, podremos poner una panadería, pero la clave es saber que vamos a tercerizar la gestión de la misma. Si para la panadería necesitamos 2 maestros panaderos y 2 personas que atiendan, entonces las contrataremos y veremos la manera de tener también un administrador del negocio.

De esa manera, nos dedicaremos a ver los reportes que nos alcancen y gestionar los ingresos. ¿Hemos notado que, si hacemos eso, podremos tener tiempo para abrir más locales si lo deseamos? Si en este momento ya tenemos un negocio o somos independientes (tenemos un consultorio), evaluemos seriamente la forma de hacer que nuestro negocio funcione sin nosotros. Si nuestro negocio no puede funcionar sin nosotros, entonces no tenemos ningún negocio, solo estamos trabajando. En este tipo de oportunidad, el apalancamiento está en nuestra experiencia y el sistema que establezcamos para el trabajo de nuestro equipo, así como el dinero que invirtamos.

Negocios de marketing multinivel o redes de marketing

En este libro, no voy a profundizar sobre este tema, pero debemos saber que lo más caro y peligroso que puede tener una persona es una mente cerrada. Si somos de las personas que tienen poco dinero para invertir, pero desean invertir mucho tiempo al inicio para generar una fuente de ingresos residuales, esta es una gran opción. He visto cómo esta opción ha cambiado la vida de miles de personas. No todas llegaron a convertirla en una fuente de ingresos residuales, pero sí en una fuente de ingresos extra.

Para convertir este negocio en una fuente de ingresos residuales, se necesita tiempo al inicio (de 1 a 4 años por lo menos) y esfuerzo para lograr un sistema con resultados dentro de una organización que nos permita tener tiempo.

Esto funciona como una franquicia individual de negocio. Entraremos, nos dirán qué hacer y, si seguimos de manera adecuada a las personas con resultados, entonces también los podremos conseguir en un tiemppo. Aquí nos apalancamos en nuestro tiempo al inicio, nuestra organización y el sistema en el que creemos.

Marketing de afiliados

Este concepto es tan simple como recomendar algo que usamos. Si recomendamos una película a un amigo, no recibiremos ninguna compensación a cambio. Sin embargo, si recomendamos una aplicación de taxi a un amigo, es muy probable que nos recompensen. Lo mismo sucede con la mayoría de las empresas modernas. La tendencia es que todas tengan un programa de afiliados o referidos, en el cual den incentivos para generar esta recomendación orgánica. Si creemos que podemos crear contenido a través de las diferentes plataformas (Google, YouTube, Instagram, Facebook, blogs, TikTok, etc.), esta puede ser una gran forma de generar ingresos. Solo debemos hacer reseñas y compartir información valiosa acerca de empresas que tengan esta clase de programas para generar ingresos adicionales. Es un modelo de negocio en el cual se nos paga por recomendar y nos apalancamos en la información que poseemos y las plataformas que utilizamos (como los motores de búsqueda Google y YouTube). Al inicio, esto puede representar bajos ingresos, pero, si profesionalizamos un sistema de recomendación, podemos llegar a generar grandes ingresos residuales.

Alquilar inmuebles

Este es el modelo de negocio más usado por los millonarios para generar ingresos residuales. Si tenemos dinero y un buen historial crediticio, solo debemos apalancarnos en los bancos para conseguir que su dinero trabaje para nosotros a través de los inmuebles. Pongámonos a pensar: si tan solo tuviéramos 10 inmuebles que se alquilaran a 1.000 € cada uno por mes, entonces tendríamos un ingreso residual de 10.000 € por mes casi sin invertir ninguna hora de nuestro tiempo. Ahora imaginémonos eso, pero con 100 inmuebles o 1.000 inmuebles. Todo es posible en la medida en que lo creamos. Comencemos con uno y veremos de lo que hablo. Es una de las formas más sólidas para conseguir y mantener un ingreso residual. En esta clase de negocios, la rentabilidad depende de dónde nos encontremos y de qué modelo de alquiler escojamos. Sobre este punto hablé con mayor profundidad en el paso 3 de este libro. Aquí nos apalancamos en el dinero de los bancos u otras personas.

Libros, cursos online o audiolibros

Crear un libro o cualquier material educativo es una inversión grande al inicio (durante el proceso de creación y promoción). Sin embargo, esta inversión se puede convertir en un ingreso residual si conseguimos que las personas lo recomienden porque ya no necesitaremos invertir mucho tiempo en su promoción. La editorial con la que trabajes o Amazon se encargarán de lo demás. Todos tenemos algo que enseñar y algo que aprender. ¿Por qué no crear contenido de algo que sepas más que los demás? Aquí nos apalancamos en nuestra información y en la plataforma de ventas que utilicemos.

Además, no todos los libros deben ser largos ni de temas complicados, como las inversiones. Podemos hacer variaciones, tales como pequeñas guías para hacer cosas específicas (por ejemplo: cómo bajar de peso antes de un matrimonio), que se pueden presentar en formatos de libros, libros digitales, audiolibros, entre otros. Seamos creativos, experimentemos y empecemos.

Máquinas expendedoras

Esta es una opción creativa para las personas que no cuentan con mucho dinero. Creo firmemente en que en los países latinos en donde tenemos muchos y diversos problemas existen las mejores circunstancias para los emprendedores, porque un emprendedor no es sino una persona que tomó un problema como una oportunidad. Pongámonos a pensar en la tienda que está cerca de donde vivimos: ¿qué podríamos vender en una máquina expendedora? Averigüemos cómo comprar y equipar una, y hagámoslo. Este es solo un ejemplo; como este hay miles, pero créanme que vale la pena invertir un poco de tiempo en ejecutar esta clase de ideas, porque trae consigo ganancias, en dinero o en experiencia.

Alquilar vehículos

Un vehículo por lo general es un gasto. Sin embargo, hay personas que lo vuelven un activo que genera ingresos residuales. Pensemos que, en los países latinos, hay muchas personas que no tienen dinero suficiente para comprar un vehículo y tienden a alquilarlo por días, semanas, meses y hasta años para hacer servicios de transporte. Alguien tiene que alquilarles esos vehículos, ¿por qué no nosotros? Si contamos con la información adecuada, podemos apalancarnos en plataformas como Uber, que nos permitirán lograr ingresos residuales por el alquiler de nuestros vehículos para que otras personas los trabajen. En esta inversión, nos apalancamos en el tiempo de otras personas y en nuestro dinero o el del banco, si es que lo financiamos.

P2P lending, crowdlending y crowdfunding

Hace poco descubrí gratamente la existencia de plataformas en las cuales podemos prestar dinero a terceros con una rentabilidad del 10 al 30 % de manera anual. Creo que, en la era de la información en la que nos encontramos, es vital seguir buscando alternativas creativas de información que nos permitan generar ingresos de manera consistente. Hoy es el mejor momento que ha existido para apalancarnos en internet y en todas las herramientas que tenemos, como los telefonos móviles , *tablets* o *laptops*.

Préstamos con garantía hipotecaria

Son préstamos que efectuamos a una compañía o persona física que necesita liquidez a corto plazo (6-12 meses como máximo) y que está dispuesta a poner como garantía un inmueble. La diferencia entre el préstamo y el valor del inmueble debe alcanzar para cubrir gastos legales, intereses y moras en el caso de que el cliente no pueda cancelar el préstamo en los tiempos pactados. Este es un modelo de negocio con bajo riesgo y que nos permitirá generar ganancias residuales superiores al promedio.

Esta es solo una lista con algunas posibilidades de generar ingresos residuales, pero los invito a que no solo pongamos en práctica aquellas que han llamado nuestra atención, sino también que seamos curiosos e investiguemos nuevas maneras de hacer que nuestro dinero trabaje para nosotros, maneras que se acomoden a nuestras metas y posibilidades con toda la información que estoy proporcionando en este libro. Recordemos que lo más importante siempre para cualquier inversionista es tener pensamiento independiente.

LIBERTAD FINANCIERA Y CÓMO VIVIR DE NUESTRAS INVERSIONES

Existe una fórmula que podemos seguir para vivir de nuestras inversiones y ser libres financieramente: esto significa que nuestros ingresos residuales deben superar nuestros costos fijos. Para poder lograrlo existen dos factores clave:

- **Ingresos residuales:** debemos maximizarlos e incrementarlos constantemente.

- **Costes fijos:** debemos conocerlos y manejarlos.

Es importante que tengamos claras nuestras metas, porque solo conocemos lo que realmente añade valor en nuestra vida y lo que no. En mi caso, estoy dispuesto a hacer grandes sacrificios en mi estilo de vida a corto plazo (bajar mis costes fijos), para lograr mis objetivos a mediano y largo plazo; pero, si consideras mantener un coste fijo elevado para incentivarte a incrementar los ingresos residuales, también puede funcionar.

Lo importante e indispensable es conocer nuestros costes fijos; sin importar cuánto tengamos, debemos saber cuánto gastamos al mes y al año para cubrir nuestro estilo de vida actual. También es importante conocer e incrementar nuestros ingresos residuales al mes y al año. Dentro de los mismos, no deberíamos considerar los ingresos que aún son lineales, como un salario, negocios que manejemos o consultorías, por ejemplo.

Ahora que conocemos los conceptos de costes fijos e ingresos residuales a detalle, enseñaré cómo maximizar estos últimos para vivir de ellos. Para obtenerlos, por lo general, intercambiamos dinero por dinero; es decir, deberemos enfocarnos en dos puntos:

- ¿cuánto dinero invertiremos para generar ingresos residuales?

- ¿cuánta rentabilidad podemos obtener sobre este dinero?

Ejemplo A. Tienes un patrimonio de 1.000 000 €. Debes escoger cómo diversificarás este importe en las distintas inversiones que has encontrado en este libro o que puedas encontrar por tu cuenta. Imaginemos que haces un portafolio conservador que te genere el 6 % de rentabilidad anual. Eso sería un total de 60.000 € al año o 5.000 € por mes.

Ejemplo B. *Tienes un patrimonio de 300 000 €. Debes escoger cómo diversificarás este importe en las distintas inversiones que has encontrado en este libro o que puedas encontrar por tu cuenta. Imaginemos que haces un portafolio arriesgado que te genere el 24 % de rentabilidad anual. Eso sería un total de 72 000 € al año o 6000 € al mes.*

El punto que quiero afianzar con estos ejemplos es que tan o más importante que la habilidad de hacer dinero que nos enseñan en el colegio y la universidad es nuestra habilidad de hacer que nuestro dinero genere más dinero aún. En este libro, he dado las herramientas para que podamos conseguir rentabilidades de ambos tipos (conservadora o arriesgada). Está en nosotros adoptar la decisión y realizarla.

Para terminar, una persona se considera libre financieramente si en el ejemplo A sus costes fijos son inferiores a 5.000 € al mes y en el ejemplo B sus costes fijos son inferiores a 6.000 € al mes. Significa que no importa si la persona está de viaje o enfocada en cualquier otra situación, sus ingresos residuales pagarán sus costes fijos. Esa persona tiene la libertad de tiempo y dinero, que es la meta principal.

«Cristian, yo no tengo 1 000 000 € ni 300 000 €».

No hay problema; ese es un ejemplo simple. Pero para llegar a esas cantidades en inversión no importa dónde empezamos (nuestras condiciones), sino nuestras decisiones.

EL DINERO ES UN EXCELENTE ESCLAVO, PERO UN PÉSIMO AMO

Cuando hayamos finalmente logrado que nuestro dinero trabaje por nosotros y estemos disfrutando de la libertad que esto nos permite, será nuestro deber comenzar a ayudar a los demás a entender cómo funciona el dinero. Recordemos que estamos en un mundo donde la educación tradicional no salvará a las personas de tener que trabajar por dinero, sino la educación financiera. También debemos saber que la mejor forma de volver al dinero un esclavo es tener información adecuada y actuar a partir de ella.

Si aún no hemos conseguido la libertad que buscamos, no hay que preocuparnos. Este es un camino que puede tardarse en recorrer, pero créeme que vale el esfuerzo.

Todo el mundo sonríe cuando las cosas van bien, pero lo realmente difícil es sonreír y tener una actitud mental positiva ante la adversidad que a veces aparece en el camino. Ahí conocemos de qué están hechas las personas.

La mayor diferencia entre personas exitosas y «fracasadas» es cómo definen el fracaso. Para las personas «fracasadas», el hecho de cometer errores es sinónimo de fracaso; dejan que esta acción las defina.

Muy por el contrario, una persona exitosa percibe el fracaso como parte del camino hacia el éxito, pues sabe que «los errores» son parte del aprendizaje y sigue confiando en sí misma.

Hay una frase muy cierta: «Un hombre exitoso es un fracasado que no se dio por vencido».

Siempre recordemos que el verdadero antónimo del éxito es la mediocridad. La zona de confort es muy estrecha para que podamos cumplir nuestras metas y nuestros sueños.

A veces no queremos hacer cosas por miedo al qué dirán o qué pasará. En mi opinión, es peor el qué diremos de nosotros mismos cuando pasen los años y no hayamos hecho, viajado o experimentado lo que deseábamos. Una frase que nunca olvidaré es la siguiente: «El infierno es llegar al final de tus días y encontrarte con la persona que pudiste ser».

Atrévete a ser la mejor versión de ti mismo.
El mundo te necesita.